JN056165

子どもの発達障害とソーシャルスキルトレーニングのコツがわかる本

西永堅 Nishinaga Ken

ソシム

はじめに

2007年度から特別支援教育が本格的に実施されました。その後、2013年にアメリカ精神医学会の定義集である「DSM-5」が、2018年に世界保健機関（WHO）の定義集である「ICD-11」が公表され、それらでは、自閉スペクトラム症の定義が変更され、知的障害を含む「神経発達障害群（神経発達症群）」という用語も新たに使われるようなりました。

ソーシャルスキルトレーニングを理解しよう

本書のテーマは、「ソーシャルスキルトレーニング（SST）」です。しかし、スキルとは、「学習性の能力」のことを意味しますので、ソーシャルスキルに限らず、ライフスキルやアカデミックスキルなど、人間の能力はほとんどがスキルだと考えられます。そして、それらのスキルの習得が同年齢の平均と比較して明らかに遅れている場合、発達障害があるとされています。それゆえに、障害の有無にかかわらず、個人の発達に応じた無理をさせない合理的なトレーニングを通じながら、それぞれのスキルの学習を支援していくことが私たちにとって重要になります。

本書の役立てかた

本書では、スキルトレーニングにおけるいくつかの例やそのコツを紹介しました。子どもの発達は、障害名や年齢で決まるわけではありません。また必要なスキルや、スキルの獲得の順番もそれぞれ子どもによって異なります。本書をヒントにしていただきながら、子どもの発達に合わせて、子どもたちをしっかりと褒めることができる具体的な「行動目標」を設定した個別の指導計画を作成することが重要になります。子どもたちが主体的に楽しくスキルを学習していけるように、本書がその一助になれば幸いです。

2020年12月

西永　堅

目次

はじめに

第1部 発達障害や必要なスキルとは？

第1章 発達障害や認知発達とは何か？

1-1 発達障害とは？ …… 10
1-2 認知発達とは？ …… 12
1-3 発達障害などの種類と特徴 …… 14
1-4 発達障害の診断について …… 16
1-5 発達とは？ …… 18
1-6 発達に合わせた環境を用意する …… 20
1-7 認知発達とは① 類似概念の発達 …… 22
1-8 認知発達とは② 比較概念の発達 …… 24
1-9 認知発達とは③ 比較概念とプライオリティの選択 …… 26
1-10 認知発達とは④ 時間概念の発達 …… 28
1-11 認知発達とは⑤ 抽象概念の発達 …… 30
1-12 認知発達とは⑥ 抽象概念の発達にはイメージしやすい指示を出す …… 32
1-13 認知発達とは⑦ 仮説演繹的思考とは？ …… 34
1-14 認知発達とは⑧ 仮説演繹的思考が身につくと比較することができる …… 36
Column① 「DABS」（診断適応機能尺度）とは？ …… 38

第2章 さまざまなスキルの特徴とは？

2-1 スキルとは？ …… 40
2-2 さまざまなスキルがある …… 42
2-3 ソーシャルスキル① ソーシャルスキルとは？ …… 44
2-4 ソーシャルスキル② ソーシャルスキルを身につけることは大切 …… 46
2-5 ソーシャルスキル③ ソーシャルスキルの意味 …… 48
2-6 ソーシャルスキル④ ソーシャルスキルは後天的に学習する能力 …… 50
2-7 コミュニケーションスキル① コミュニケーションスキルとは? …… 52
2-8 コミュニケーションスキル② 赤ちゃんの主体的な発信に気づく …… 54
2-9 コミュニケーションスキル③ 子どもの発信に周りの人が応える …… 56
2-10 コミュニケーションスキル④ 聞くスキル …… 58
2-11 アカデミックスキル① 読みスキル …… 60
2-12 アカデミックスキル② 書きスキル …… 62
2-13 アカデミックスキル③ 計算スキル …… 64
2-14 アカデミックスキル④ その他のアカデミックスキル …… 66
2-15 ライフスキルとは？ …… 68
Column 2 「主体的・対話的な深い学び」と SST …… 70

第3章 応用行動分析やポーテージプログラムとは？

3-1 応用行動分析① 応用行動分析とは？ …… 72
3-2 応用行動分析② ABC 分析とは？ …… 74
3-3 応用行動分析③ 無誤学習とは？ …… 76
3-4 応用行動分析④ 応用行動分析の 4 つの基本的パターン …… 78

3-5 ポーテージプログラム① ポーテージプログラムとは？ …… 80
3-6 ポーテージプログラム② 家庭を中心としたプログラム …… 82
3-7 ポーテージプログラム③ 一人ひとりの子どもの発達に応じた個別のプログラム …… 84
3-8 ポーテージプログラム④ 個別の指導計画について …… 86
3-9 ポーテージプログラム⑤ 応用行動分析の原理 …… 88
3-10 ポーテージプログラム⑥ プロンプト・フェイディングとは？ …… 90
Column ③ 「内言」の役割やその発達について …… 92

第2部 ソーシャルスキルトレーニングの基本とコツを知ろう

第4章 ソーシャルスキルトレーニングで知っておきたい必須知識

4-1 ソーシャルスキルトレーニング（SST）とは？ …… 96
4-2 ソーシャルスキルトレーニングの流れ …… 98
4-3 アセスメントとは？ …… 100
4-4 学力や社会性の発達をアセスメントする …… 102
4-5 「問題行動」について …… 104
4-6 「問題行動」に代わる適切な行動・スキルを増やす …… 106
4-7 機能分析① 機能分析とは？ …… 108
4-8 機能分析② 問題行動の機能とは？ …… 110
4-9 機能分析③ 問題行動の自己刺激機能とは？ …… 112
4-10 機能分析④ 機能分析の実際の流れ …… 114
4-11 個別の指導計画① 個別の指導計画の義務化の流れ …… 116
4-12 個別の指導計画② 個別の指導計画の目標設定 …… 118
4-13 個別の指導計画③ 目標設定のためのアセスメント …… 120
4-14 個別の指導計画④ 行動目標を達成するための方法 …… 122

4-15 個別の指導計画⑤ ツールの活用と子どものモデル …… 124
4-16 個別の指導計画⑥ 記録と評価について …… 126
Column 4 「逆さ認知」について …… 128

第5章 ソーシャルスキルトレーニングの方法

5-1 ソーシャルスキルトレーニングの基本 …… 130
5-2 ソーシャルスキルトレーニングの効果的な進め方 …… 132
5-3 あいさつスキル …… 134
5-4 話している人の顔を見るスキル …… 136
5-5 模倣スキル …… 138
5-6 個別遊びスキル …… 140
5-7 集団遊びスキル …… 142
5-8 感情スキル …… 144
5-9 謝罪スキル …… 146
5-10 お願い・要求スキル …… 148
5-11 忍耐・我慢スキル …… 150
5-12 断りスキル …… 152
5-13 逃避スキル …… 154
5-14 コーピングスキル …… 156
5-15 あいまいスキル …… 158
5-16 未来予想スキル …… 160
5-17 過去をさかのぼるスキル …… 162
5-18 SNSスキル …… 164
5-19 情報検索スキル …… 166
5-20 読み書きスキル …… 168
5-21 数・計算スキル …… 170
5-22 語学スキル …… 172

さくいん

第 1 部

発達障害や必要なスキルとは？

第１章「発達障害や認知発達とは何か？」では発達障害や認知発達の特徴を解説し、第２章「さまざまなスキルの特徴とは？」ではスキルの種類や意味について、第３章「応用行動分析やポーテージプログラムとは？」では応用行動分析などの考え方とポイントをまとめました。

発達障害や認知発達とは何か？

発達障害とは?

発達障害は、主に知能検査などによって同年齢の平均と比較した個人差で診断されます。

発達障害の特徴とは?

発達障害とは、**発達期に診断され、中枢神経系の何らかの機能障害が推定される、認知発達の部分的、もしくは全般的な遅れ**を意味します。

発達には、目に見えやすく数値で測りやすい身長や体重の発達などもありますが、発達障害の場合は、**脳の発達の中心である「認知発達」を、知能検査や認知検査によって同年齢の平均と比較した個人差(個人間差、個人内差)で主に診断します**。

そもそも身長の発達の場合、小学校2年生でも3年生の平均より高い子がいれば、1年生の平均よりも低い子もいます。身長が低いといわれていても、それは同学年での比較であり、その子はその子なりに発達をしますし、その子より年齢が低い子と比較したら高身長になります。

同年齢集団との比較でも、日本より平均身長が高い外国であれば、日本の平均身長の子どもは身長が低い子になりますし、日本より平均身長が低い国であれば、日本の平均身長の子どもは背が高い子となります。

発達障害も「いまの状態から治らない、発達しない」という絶対的な障害ではなく、**同年齢集団のなかで相対的に発達が早いか、遅いかを判断しています**。また、同年齢集団といっても、4月生まれと3月生まれでは、仮に同じIQであれば、おおよそ1年の発達の差があります。

さらに、発達には個人差がありますので、4月生まれで発達が早い子と、3月生まれで発達がゆっくりな子とを比較すると、発達は2学年以上の差がある場合もあります。

通常、学年で課題が決められますが、本人の発達に合った課題が提供される場合と発達に合っていない課題が提供される場合では、その後の発達にさらに影響があると考えられます。

発達の個人差

発達には **個人差** があります。

6歳

111cm

116cm

121cm

7歳

117cm

122cm

128cm

8歳

122cm

128cm

133cm

身長だけではなく、読み書きも計算も対人関係の発達も人それぞれです。平均身長と1標準偏差を表しており、この範囲に約68%の子どもが入ります

出典：e-Stat「学校保健統計調査」https://www.e-stat.go.jp/stat-search/files?page=1&layout=datalist&toukei=00400002&tstat=000001011648&cycle=0&tclass1=000001138504&tclass2=000001138505

認知発達とは?

私たちは、目や耳などからの情報を頭のなかでイメージしており、これを「認知プロセス」と呼びます。

認知発達とは？

「**認知発達**」には、「語彙」「図形の弁別や模写」「数概念の獲得」「抽象概念の獲得」「読み書きの習得」「外国語の習得」などが含まれ、身長の発達と同じように、それらの発達が早い子どももいればゆっくりな子どももいます。そして、明らかに平均よりも遅れている場合を発達障害と呼んでいます。

本人が主体的に経験・学習することが重要

私たちは、目でものを見たり、耳で音を聴いたりしていると考えています。しかし「**認知プロセス**」とは、**視覚や聴覚から入ってきた情報を、脳のなかで知識や過去の経験・学習などの記憶によってイメージをしていること**を指します。

たとえば、私たちにとって日本語であれば、聞いたり、話したり、文字を読んだり、書いたりすることができます。しかし、アラビア語やタイ語だと、聞き取ることやリピートすることが難しかったり、文字を読んだり、模写したりすることは、習っていなければ相当困難です。

これらは、単なる視覚や聴覚などの感覚の問題だけではなく、学習や経験によって人間は認知発達していくものだと考えられます。

つまり、視力や聴力も重要ですが、「言葉の発達」「読み書き」「計算」「ルール理解」「社会性の発達」「行動のコントロール」などには、**本人自身が主体的に経験したり、学習したりすることが重要**になります。

通常、発達障害は、環境が原因ではなく、中枢神経系の何らかの機能障害が推定されるとされ、生まれもったものが大きいと考えられています。

認知プロセス

私たちは、目や耳などから入った刺激を
頭のなかでイメージしています。

딸기　فراولة

สตรอเบออร์รี่

これらは「いちご」を意味する言葉です

文字を読んだり書いたりするには練習が必要です

しかし、環境や学習がまったく関係しないわけではありません。身長の発達も両親から引き継いだDNAの要素が大きいですが、栄養が不足していれば身長も発達しづらいなど、環境面の影響も大きいことをイメージしていただけるとわかりやすいかと思います。

発達障害などの種類と特徴

知的障害やLD、発達障害（ADHD、自閉スペクトラム症）があります。

現在は、「聞く」「話す」「読む」「書く」「計算する」「推論する」などの認知発達が全体的に遅れている場合を「**知的障害**」と呼びます（診断には、適応機能も同時に満たすことが条件です）。そして、全検査IQから見ると知的障害の範疇には入らないが、部分的に明らかな遅れがある場合を「**LD（学習障害、学習症）**」と呼びます。

また、LDを重複する場合も多いですが、同年齢の子どもと比較し、多動や衝動性・不注意の症状が学校と家庭など複数の場面で認められ、学業等に支障をきたす場合を「**ADHD（注意欠如多動症）**」と呼びます。そして、社会的コミュニケーションの発達の遅れや、強いこだわりが認められる場合を「**自閉スペクトラム症**」と呼びます。

さて、発達障害や学習障害・知的障害などは、我が国で「障害」と呼ばれているので、視覚障害や聴覚障害・身体障害などの障害と同じように、「治らないもの」というイメージが強いと思います。

これも経験や知識からイメージする認知の特徴になりますが、英語では、視覚障害や聴覚障害、身体障害など医学的に治すことが難しいものを「impairment」としているのに対して、発達障害や学習障害・知的障害などは「disability」「disorder」としています。

ADHDや自閉スペクトラム症（ASD）のDはdisorderであり、米国の診断基準の「DSM-5」やWHOの「ICD-11」の日本語訳では、disorderを障害ではなく「〜症」と訳す方向性が示されています。

disabilityの日本語訳は「障害」ですが、今後見直されるかもしれません。発達障害の原因は、生まれもった先天的な影響が強いかもしれませんが、障害の有無にかかわらず、**適切な学習によって誰もがその人なりに発達していくため、その発達を応援する発達支援の考えが重要**です。

文部科学省の発達障害の定義

●学習障害（LD）〈Learning Disabilities〉

学習障害とは、基本的には全般的な知的発達に遅れはないが、聞く、話す、読む、書く、計算するまたは推論する能力のうち特定のものの習得と使用に著しい困難を示すさまざまな状態を指すものである。
学習障害は、その原因として、中枢神経系に何らかの機能障害があると推定されるが、視覚障害、聴覚障害、知的障害、情緒障害などの障害や、環境的な要因が直接の原因となるものではない。

出典：文部科学省「学習障害児に対する指導について（報告）」（平成 11 年 7 月）より抜粋
https://www.mext.go.jp/a_menu/shotou/tokubetu/material/002.htm

●注意欠陥／多動性障害（ADHD）〈Attention-Deficit/Hyperactivity Disorder〉

ADHD とは、年齢あるいは発達に不釣り合いな注意力、及び／または衝動性、多動性を特徴とする行動の障害で、社会的な活動や学業の機能に支障をきたすものである。
また、7歳以前に現れ、その状態が継続し、中枢神経系に何らかの要因による機能不全があると推定される。

●自閉症〈Autism〉

自閉症とは、3歳位までに現れ、①他人との社会的関係の形成の困難さ、②言葉の発達の遅れ、③興味や関心が狭く特定のものにこだわることを特徴とする行動の障害であり、中枢神経系に何らかの要因による機能不全があると推定される。

出典：文部科学省「特別支援教育について」
https://www.mext.go.jp/a_menu/shotou/tokubetu/004/008/001.htm

文部科学省では上記の定義を使用していますが、アメリカ精神医学会の定義であるDSM-5 (Diagnostic and Statistical Manual-5:精神疾患の診断・統計マニュアル第5版)の日本語訳(2014)では、ADHDが注意欠如多動症となりました。
また、自閉症も、他の旧広汎性発達障害の各障害を含めた自閉スペクトラム症(Autism spectrum disorder)となっています

発達障害の診断について

発達障害は、できないことの「原因」ではなく、できない「結果」で診断されます。

私たちは、「ADHDだから多動だ」と考えがちです。また、「知的障害があるから学習が身につきづらい」と考えがちです。しかし、発達障害の診断基準のベースとなっている、アメリカ精神医学会の「DSM-5」やWHOの「ICD-11」は、診断マニュアルではなく、あくまで診断結果の統計マニュアルや分類マニュアルであり、そのための操作的に定義されたものにすぎません。

つまり、「ADHDだから多動」なのではなく、「多動が目立つ場合をADHD」と操作的に定義したにすぎません。「知的障害があるから学習が身につきにくい」のではなく、「学習が身につきにくいから知的障害」と呼んでいるのにすぎません。したがって、ADHDが治れば多動面が改善されるのではなく、**落ち着いた行動が身についていけば、ADHDと呼ばれなくなる可能性がある**のです。

「原因」ではなく、できない「結果」で診断される

「DSM-5」では、ADHDの出現率が子どもで5%、成人で2.5%です*。成人でも2.5%なので一生涯つき合う症状かもしれませんが、これは子どもの頃の症状が続くのではなく、あくまで大人のなかで衝動性や不注意が2.5%ぐらいの出現率であるということです。一方で、子どもでは5%ですから、5%から2.5%に半減していることも考えられます。

発達障害は、できないことの「原因」ではなく、できない「結果」で診断されるということを理解することが重要になります。したがって、現在では読み書き計算が中心かもしれませんが、あと何十年もすれば、英語が苦手な「英語症」という言葉や、ICT機器が苦手な「デジタル症」という言葉もできるかもしれません。

「ゲーム症」とは？

デジタルゲームやテレビゲームのゲーム行動が永続的や反復的に見られること。「ゲーム症」は、「ゲームを止められない」など、ネガティブなことが起きてもゲームを続けるなどによって明白になる

（WHO の ICD-11（国際疾病分類第 11 版）では、新たに「ゲーム症」が診断基準に追加されました（日本語版の正式なものはまだ決まっていません）。）

個人・家族・社会・教育・職業、その他重要なことでも苦痛や明らかな障害が起きることがある

支援が必要となったときに新しい疾病として認められる

障害の有無ではなく、ニーズがあるかどうかという視点で見ることができれば、まだ障害とされていないニーズに対しても疾病として対応される可能性があります

参照：https://icd.who.int/browse11/l-m/en#/

現在の学校現場でも、国語算数だけではなく、「楽器症」「絵画症」「体育症」などで困っている子どもたちもいることでしょう。

発達障害は、「スキル」という観点から考えていくと、障害があるからできないのではなく、「スキル」が未学習であるから障害とされていることがイメージできるでしょう。「スキル」をどのように身につけていくのかが、大きなチャレンジになると思います。

＊出典：American Psychiatric Association (2013) Diagnostic and Statistical Manual of Mental Disorders: Dsm-5, American Psychiatric Pub.

発達とは?

脳の発達である認知発達には「流動性知能」と「結晶性知能」があり、それぞれの発達のピークは異なります。

「発達」とは何を指すのか？

発達障害とは、脳の発達である認知発達に関する平均的な発達からの遅れや、偏りのことであるとお話ししてきました。では、そもそも発達とはどういうことでしょうか？

発達と聞いて一番イメージしやすいのは、身長の発達だと思います。なぜならば、身長の発達は目に見えやすいですし、成長もわかりやすいからです。小さなものが大きくなること、弱かったものが強くなることが発達というイメージも一般的にはあるかもしれません。

さて、子どもから大人になる年齢を「成年年齢」と呼びます。日本では、2018年に成年年齢が20歳から18歳に引き下がる民法改正が行われましたし、諸外国においては、成年年齢が18歳の国もあれば21歳の国もあります。

これらのように、大人になるという年齢に決定的なルールがあるわけではありません。

心理学では生涯発達の視点が中心

18歳ぐらいになれば、身長の発達が止まる傾向が多く見られます。しかし、それとともに全体の発達が終わるのかといえば、足の速さや跳躍力・持久力は、トレーニング次第で30代でも発達すると考えられますし、体重も個人差はありますが、20代を過ぎたほうが増加していく傾向も見られます。

そして、脳の発達である認知発達は、短期記憶などを中心とする「**流動性知能**」の場合は、ピークが20代など早期に見られます。

一方、語彙や知識・論理性などの「**結晶性知能**」は、ピークが遅く、

流動性知能と結晶性知能

●流動性知能とは？

経験や教育といった文化的要因とは相対的に独立に、神経生理学的な要因に影響を受けて形成される知能のこと。
情報処理の速度や能力に関連し、図形の関係や推理、記憶容量等に関連するテストによって測られます。

●結晶性知能とは？

経験や教育といった文化の影響によって形成される知能のこと。
経験によって蓄積された知識を反映したもので、語彙や読みのテスト、経験に基づく評価を必要とするような社会的関係に関する問題解決などによって測られます。

**流動性知能と結晶性知能は
誕生から青年期にかけて遂行レベルが上昇する**

流動性知能は、25歳頃を境に徐々に遂行レベルが下降する

・成人期から老年期にかけての低下は、結晶性知能の向上によって補われると考えられる
・低下の始まりは、個人差が大きいと考えられる

結晶性知能は、成人期・老年期を通じて
ゆるやかな上昇傾向を持続するといわれる

出典：下山晴彦他編『誠信 心理学辞典 新版』pp.209-210（6-11 知能の発達、藤村宣之著）、誠信書房、2014

20代を越えてもむしろ発達していきます。

現在、心理学では、人間の出生から死亡にいたるまでの生涯にわたる変化を考えていくという**生涯発達の視点**が中心になっています。

発達に合わせた環境を用意する

子どもの発達に合わせた環境を用意することが最重要で、そのことが発達を促す合理的な方法と考えられています。

発達は遺伝と環境の相互作用で考える

発達は、元来「遺伝」か「環境」か、「成熟」か「学習」かといった2つの対立軸でとらえられてきた歴史があります。これらは、発達検査の「**K式発達検査**」の元となっているゲゼルの「成熟優位説」や、「行動主義」の学祖であるワトソンの考え方などがそれぞれの代表とされます。

しかし現在では、遺伝子であるDNAの分析や脳の機能分析であるfMRIなどの技術の発展により、環境や学習よりも遺伝の影響が強い印象があるかもしれません。

その一方で、学習環境や情報技術などの教育工学の発展などによる学習効果の研究も進んでおり、遺伝か環境かのどちらかに偏るわけではなく、**遺伝と環境の相互作用で考える**のが一般的です。

子どもの発達に合わせた環境を用意することが最重要

では、発達障害に関してはどうでしょうか？　発達障害の多くは、中枢神経系の何らかの機能障害があると推定されると定義されています。画像所見など目に見えるような器質障害が明らかでなくても「機能」に問題がある場合を「**機能の障害**」と呼んでいます。

たとえば、身長の発達を考えたときに、両親の身長が平均身長と比較して低ければ、その子どもも平均身長と比較して低い傾向が見られるかもしれません。

それと同様に、言葉や読み書きの発達も、早い子どももいればゆっくりな子どももいて、それらは両親の特徴を引き継いだかもしれません。

しかし、いくら背が高い両親から生まれても、栄養状況が悪ければ順調に身長は発達しませんし、いくら走ることが速い両親から生まれたと

外国語の習得も練習しないと難しい

外国語も得意な人と苦手な人がいますが、得意な人であっても、外国語を練習しないと覚えることは難しいです

しても、トレーニングが不足していれば走ることが上手にはいきません。そして、平均身長も時代によって変わりますし、50m走のタイムも時代によって変わります。また、言葉や知能の発達も、実は平均的には早くなっています（発達の加速化*といいます）。

遺伝的な形質はいまのところ大きく変えることは困難ですし、身長の発達や鼻の高さ、目の大きさもあくまでも絶対的なものではなく、相対的なものにすぎません。その一方で、私たちは教育環境などの環境を変えることはできます。トレーニングの方法次第で、パフォーマンスは大きく変わる可能性があります。

発達障害においても、子どもの発達に合わせた環境を用意することが最重要であり、そのことが発達を促す合理的な方法だと考えられます。

＊出典：財団法人田中教育研究所編集（2005）『田中ビネー知能検査Ⅴ　理論マニュアル』pp.32-33、田研出版

認知発達とは①
類似概念の発達

あるものを同じ仲間か違う仲間かが理解できないと、抽象化は進みません。

認知発達は概念の発達

認知発達とは、**概念（concept）の発達**といってもよいと思います。概念とは、『心理学辞典』（有斐閣）によれば、「個々の事物・事象に共通する性質を抽象し、まとめあげることによって生活体内に作られる内的表現」[*1]とされます。つまり、人参・ピーマン・トマトは「野菜」になり、象・パンダ・犬は「動物」になります。

また、『誠信 心理学辞典』（誠信書房）では、「心理学では概念は発達的に習得され、学習されるものであるとみなされている」[*2]と書かれています。概念は生得的に身についているわけではなく、経験や学習によって獲得されるものなので、文化や時代の違いや言葉の発達によっても変わり、個々人による差が大きいものになります。

遊びも認知発達と密接に関係している

さて、発達障害があるといわれる子どもたちは、このような概念の発達が遅れていたり、その文化全体で共有する概念を理解することが難しかったりすることが特徴といえます。

たとえば、「**類似概念**」の場合、同じ仲間か違う仲間かが理解できないと、抽象化は進みません。子どものおもちゃでは、同じ形を合わせればしっかりとはまる「型はめ」が有名ですが、それを行うのが難しい子どももいます。「下着の仲間」「上着の仲間」と理解ができなければ、下着でお出かけしても恥ずかしいということを理解できません。

「男の子・女の子」という性別の概念も、その国々・時代の文化に合わせて経験で学習していくことが多いでしょう。トランプで遊ぶときも、7のハートと7のスペードが同じということが理解できなければ、みんな

概念は経験で学習していく

●型はめ

幼児のおもちゃの定番で、○や△、□の形や大きさを合わせてはめます。形の弁別と類似物の照合をすることによって概念発達を促します。

●男の子・女の子の概念も時代によって変わる

女性の大工さんがいてもよいですし、男性の看護師さんがいてもよいわけです。偏見は、学習してきた概念が原因になっているのかもしれません。

と一緒に神経衰弱やババ抜きをすることは難しかったりします。

子どもたちの仕事である遊びも、認知発達と密接に関係しています。認知発達が発達していなければ、高度な遊びができないとも考えられますし、その一方で、遊びを通じて認知発達を促すとも考えられます。年齢で興味が決まるわけではなく、同じような経験をした者同士が同じ遊びを楽しめやすいとも考えられます。

＊1　出典：山崎晃男（1999）、中島義明他編『心理学辞典』p.98、有斐閣、1999
＊2　出典：外林大作他編『誠信 心理学辞典』p.54、誠信書房、1981

認知発達とは②
比較概念の発達

比較概念を理解していけば、「対義語」を獲得していくことにもなります。

比較概念の理解には言葉の発達が必要

類似概念が育ってくると、今度は**同じもの同士を比較する「比較概念」を獲得していくことが重要**になります。

「どっちが大きい？」「どっちが小さい？」「どっちが多い？」「どっちが少ない？」「どっちが長い？」「どっちが短い？」と、まずは2つのものを比較できるようなっていきます。

この**比較概念を理解するためにも言葉の発達が必要**になっていきます。そして、「**対義語**」も獲得していく機会になります。

目に見える対義語だけではなく、触ってみて「どっちがスベスベ？」「どっちがザラザラ？」などや、ものを扱うときに「どっちが強い力？」「どっちがやさしい力？」など、言葉の発達を促していくことで、自分の力を調整できるようになっていくと考えられます。

逆にいえば、そのような言葉が発達していなければ、「強くたたかないで！」「やさしく持ってね」「大きな声でいわないで」「小さな声で教えてね」といった指示がなかなか理解できません。

すると、お友達と遊ぶときに強い力でたたいてしまったり、大声で叫んでしまったりしてトラブルが生じる場合があります。

言葉の発達や認知の発達の観点から考える

子どもたちは、指示がわからなくてイライラしたり、どうしたらいいのかわからないと興奮することがあります。

それと同じように、私たち大人も、「子どもたちはなぜ指示にしたがってくれないのか？」「なぜお友達とトラブルになってしまうのか？」という理由がわからないと、過度の不安を抱く場合もあるでしょう。

対義語の例

大きい	⟺	小さい	辛い	⟺	甘い
重い	⟺	軽い	強く	⟺	やさしく
多い	⟺	少ない	早い	⟺	ゆっくり
長い	⟺	短い	かたい	⟺	やわらかい
太い	⟺	細い	スベスベ	⟺	ザラザラ
明るい	⟺	暗い	にこにこ	⟺	ぷんぷん
上	⟺	下	うれしい	⟺	悲しい
右	⟺	左	抽象	⟺	具象・具体

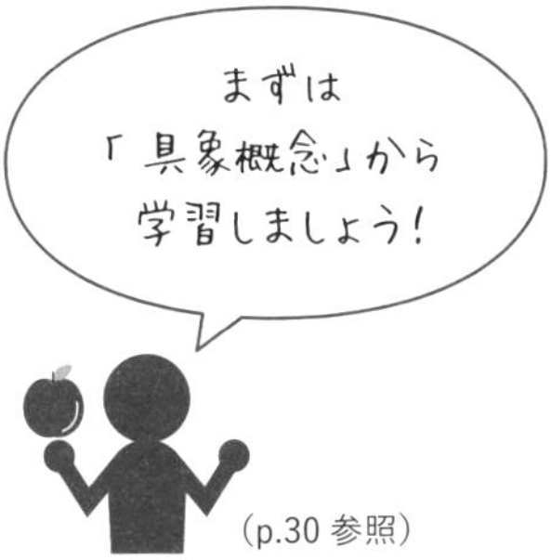

(p.30 参照)

具象概念

具体的に目に見えること

絵に描けること

写真に撮れること

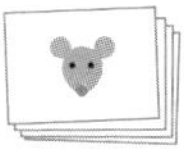

絵カードで聞いてみるのもGood!

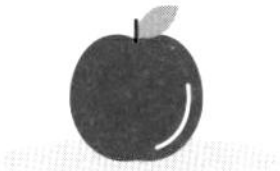

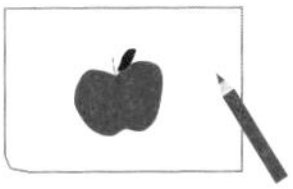

言葉の発達や認知の発達の観点から考えることができれば、子どもたちにどのように伝えればいいのか、イメージしやすくなるのではないでしょうか？

認知発達とは③

比較概念とプライオリティの選択

言葉が十分に発達していない子どもの場合、2つの選択肢を出されたときに後の選択肢を選ぶことが多く、比較の練習や学習が重要です。

目に見えないものは聴覚的なイメージになる

プライオリティ（優先度）の選択は、大人の社会ではとても重要になります。「仕事と家庭どちらが大事？」「仕事の丁寧さとスピードどちらが大事？」という話題は日常的に行われる会話でしょう。結論からいえば、どちらも大事であり、どちらがより大切かは個人によって異なるので、その選択によってトラブルが起きやすいと考えられます。

「どちらのケーキが大きいか」というように、具体的に目に見えて比較できればよいのですが、大人の社会では、目に見えない抽象的な価値観の比較をしなければなりません。

目に見えるものであれば、視覚的に見比べることができます。しかし、**目に見えないものは聴覚的なイメージになるので、時間差・継次的な処理**となります。

人は、時間的に直近のもののイメージのほうが印象に残ります。「やさしいけれど、お金には厳しい人」「お金には厳しいけれど、やさしい人」では、受け取る側の印象は異なります。

比較の理解には練習や学習が重要

まだ言葉が十分に発達していない子どもの場合は、2つの選択肢を出されたときに、後ろの選択肢を選ぶ場合が多かったりします。

たとえば、眠たそうにしている子どもに対して、親は「寝るの？ 寝ないの？」という順番で質問をしがちです。子どもがまだ頭のなかで比較するのが難しい場合、「寝ない」と答えることが多く、親は「寝なきゃダメでしょ」と叱ったりします。

しかし、これは誘導尋問のようなもので、頭のなかで2つの比較がで

子どもにとってのイメージの優先度

頭のなかの作業台である「ワーキングメモリー」をまだ十分に活用できないと、現在に近接したイメージのものを想像しがちです。

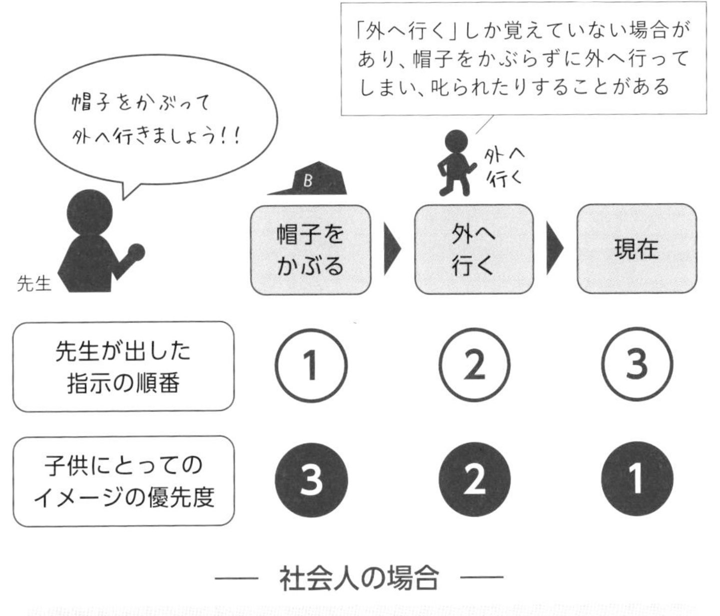

―― 社会人の場合 ――

社会人では、一つの仕事に集中すればよいことは少なく、複数のプロジェクトがあることのほうが多いでしょう。その際、どの仕事から優先的に行うかというプライオリティの選択は人ぞれぞれ違い、正解はないかもしれません。
しかし、お客さんや上司が考える優先度と自分が考える優先度が異なると、仕事上のトラブルにつながることが多かったりします

きていないので言わされているだけで、子どもは本当は「寝たい」と答えたかったのかもしれません。

　このように、比較するというのはなかなか難しい概念ですが、練習や学習が重要な概念だとも考えることができます。

認知発達とは④
時間概念の発達

時間概念が発達すれば、自分から見通しを立てて行動することができるようになります。

時間概念の発達は、「待つ」という行動の獲得につながる

「**時間概念**」の発達も社会性に関係します。時計を読めるようになるには、まず「**数概念**」を習得し、60までの数のイメージをもたないといけません。「10を数えるまでに片づけるよ」といった発言は、「数概念を育てる指示」「自己コントロールを学び社会性を育てる指示」「時間概念を育てる指示」とも考えられます。

単なる指示だけで終わるのではなく、**それが達成できたときに、大人がうれしそうに褒めることも大事**です。

「カップ麺を3分待つ」という課題も、子どもたちにとってはわかりやすいといえます。3分待ったら美味しいラーメンが食べられるというご褒美が得られるので、「待つ」という行動を獲得しやすいかもしれません。

時間概念は、曜日などの理解にも関係する

時間概念は時計を読むことだけではなく、曜日の理解やカレンダーの理解にも関係してきます。

「自分の誕生日はいつなのか？」「クリスマスはいつなのか？」がわからなければ、欲しいおもちゃがあるときに、「クリスマスにサンタさんにもらおうね」「お誕生日に買ってあげるからね」「今度おじいちゃんが来たら買ってもらおうね」と言われても理解できません。そうなると、我慢することが余計に難しくなります。

また、曜日概念が入らなければ、「週末に休みになる」ということの理解が難しいので、大人が週末を楽しみに仕事をがんばるということも、なかなか理解してもらえません。

＋ 時間概念の発達が日常におよぼすこと ＋

いまの日本の子どもたちは、お風呂で10を数えることで、数と数の順番を学習するといわれています。
これは数の順番を覚えるとともに、時間概念として、「あとどれぐらい待つか」ということを学習しているといえます。
誕生日の概念が入っていなければ、「次の誕生日におもちゃを買ってあげる」と言われても、そのイメージがわかずに我慢することができず、すぐにそのおもちゃを欲しがったりするでしょう。

約束の時間を守ることも、時間概念の発達に関連していきます。
たとえば、待ち合わせの時間にいつも遅刻してくる場合は、家から待ち合わせの場所までかかる時間の推測が正しくないことが多いでしょう。
待ち合わせの時間の例だけではなく、社会人では納期に間に合わなかった場合に大きな損失を受けてしまうことがあります。
納期の場合は、納期をイメージしながら日々行う作業を割り当てられなかった問題もありますし、そもそも納期の設定が不適切だったということも考えられます。

体力や睡眠時間の調整も、時間概念が発達すれば、自ら見通しを立てることができて、ストレスマネージメントを行えるようになります。それらを行うのが難しい子どもたちは、月曜日から全力で突っ走り、疲労度が高いことも考えられます。

認知発達とは⑤

抽象概念の発達

言葉の発達の遅れがある子どもたちは抽象概念の獲得が遅れることが多く、友達との関係でも困難が見られることがあります。

具象概念とは？

「**抽象概念**」を具体的に説明することは難しいですが、抽象概念の対義語は「**具象概念**」と考えられます。

「具象概念」とは、具体的に目に見えて絵に描くことができたり、写真や動画に撮ることができたりする概念と考えられます。一方、「抽象概念」は目に見えないため、絵に描くことや写真・動画に撮ることができずに、言葉で説明しないといけない概念です。したがって、言葉の発達が必要になります。

母国語だけではありません。外国の方とのコミュニケーションで、お互いに言語が通じずに身振り手振りでものを伝える場合、具体物であれば、「りんごが欲しい」「メロンが欲しい」と伝えられるかもしれません。しかし、「明日、レストランに15時に待ち合わせましょう」と、身振り手振りで伝えることは相当難しいことでしょう。

それと同じように、まだ抽象概念が育っていない子どもたちに、言葉だけでものを伝えようと思っても、伝わらないのは当然です。

「〜してはいけません」という指示は理解しづらい

私たちは、子どもたちに絵に描けない指示を出していないでしょうか？　たとえば、「廊下を走ってはいけません」「友達とケンカをしてはいけません」といった「〜してはいけません」という否定的な指示は、絵に描いたり、写真に撮ったりすることが難しい抽象概念です。したがって、抽象概念が育っていない子どもたちにとって、それらの指示を理解することは難しかったりします。

抽象概念は、平均9歳ぐらいで獲得し始めると考えられています。発

＋ 「～しない」ことを絵で表すのは難しい ＋

やりがちな指示

- 廊下を走らないことを絵で表す場合
  ➡「廊下を走っている絵にバッテンをつける」
- 友達とケンカをしないことを絵で表す場合
  ➡「友達とケンカをしている絵にバッテンをつける」
- 給食を残さないことを絵で表す場合
  ➡「給食を残している絵にバッテンをつける」

大人でも「マスクを買い占めてはいけません」と言われれば言われるほど、買い占める行動が見られました。これは、「してはいけないこと」を伝えようとしても、むしろ「してはいけないこと」をイメージ化させることが問題なのだと思います。むしろ、「していいこと」をイメージさせることが重要です。

目に見えるいいモデルを示していくことが、子どもにも大人にも重要になると考えられます

達障害の子どもたちは、言葉の発達が遅れていることが多いため、抽象概念の獲得が遅れることが多く、友達との関係でも困難が見られたり、先生の指示を理解できなかったりします。

認知発達とは⑥
抽象概念の発達には イメージしやすい指示を出す

発達に合わせた課題が出されていないため、結果として発達の遅れをより生じさせてしまいます。

私たちは「廊下を走らないこと」を伝えるときに、廊下を走っている絵にバッテンをつけ、「してはいけないこと」を伝えようとしまいがちです。しかし、抽象概念が発達していない子どもたちは、絵にバッテンがされていても廊下を走っている絵なので、むしろ「廊下を走ること」をイメージしてしまいます。「してはいけないこと」を教えようとすればするほど、逆効果のおそれがあるといえます。

「廊下を走らない」ことを教えるのが重要ではなく、**「廊下を歩く」ことを教えるのが重要**になります。「廊下を歩く」ことならば絵に描けますし、写真や動画で撮ることもできます。

そして、「してはいけないこと」を目標にすると、その行動が見られたときに叱ることしかできません。しかし、「することが望ましいこと」を目標にすれば、その行動が見られたときに褒めることができますし、子ども自身もできたという感覚をもち、自信をもつことができます。

発達に合わせた課題が出されていない

発達障害がある子どもたちの問題として、自尊心の低下や抑うつ状態、不登校などの二次的障害が指摘されます。

その理由は、平均的な発達をしている子どもたちに合わせて学校の課題やルールがつくられているため、発達障害がある子どもたちは常に自分の発達以上のことをさせられ、「何をすればいいのかイメージできない」「褒められたり課題を達成することが少ない」「周りと同じことができずに叱られることが多い」からだと考えられます。

障害があるからできないのではなく、発達に合わせた課題が出されていないために、適切なスキルの獲得の機会が平均発達の子どもに比べて

イメージできる指示を出す

イメージできないから指示に従えないのではなく、イメージできる指示ならば従うことができます。子どもがイメージできているかいないかは、年齢ではなく、認知発達などのアセスメントによってイメージができます。

── 分数について ──

日本	我が国では、分数を小学校３年生（8歳から9歳の子どもが在籍）で教えています。抽象概念は9歳頃から理解し始めるといわれていますので、分数を理解できる子どもとできない子どもとの差の大きさは、月齢の問題とも考えられます。
ドイツ	ドイツでは、分数を小学校6年生で教えているそうです。つまり、3年生で教えなければならないルールは世界的には存在していないのに、日本の過度の年齢主義によって犠牲になっている子どもたちがいると考えられます。

圧倒的に少なくて、発達が促されず、結果的に発達の遅れをより生じさせています。それを「障害がある状態」と社会が呼んでいるわけです。

抽象概念が発達していないということは、イメージ力が不足していると想定されます。しかし、むしろ大人のほうが、子どもたちの発達の個人差をイメージできずに、問題を大きくしているといえるのではないでしょうか？

認知発達とは⑦

仮説演繹的思考とは？

ルールを理解するためには、「もし〜ならば、○○する」という仮説演繹的思考が必要になります。

仮説演繹的思考は、より言葉の発達を必要とする

ピアジェの発達理論では、小学校高学年になると「形式的操作期」とされ、「**仮説演繹的思考**」ができるようになり、大人の認知発達の状態により近づくと考えられます*。

仮説演繹的思考とは、英語の「if構文」と考えるとわかりやすく、**「もし〜ならば、○○する」という考え方ができるようになる**ということです。

私たちは、小学校高学年にもなれば身長も大人に近づいているので、if構文など簡単にできると思いがちです。しかし、9歳でようやく目に見えない「抽象概念」が発達し始めるわけですから、未来や過去といった時系列の理解を必要とする仮説演繹的思考は、より言葉の発達を必要とします。

日本では小学6年生で歴史を学習しますが、過去を想像するのはとても難しいことです。歴史の授業は、目に見えない過去を比較することになります。

たとえば、「鎌倉時代と平安時代ではどちらが先か」という場合、その時代を経験していないですし、目に見えません。年号で比較するためには、数概念も必要です。

ルールの理解は、対人関係にも大きな役割を果たす

中学校に入ると、日本では制服や髪型の決まりがあるなど、校則が厳しくなります。

校則もルールですが、仮説演繹的思考ができなければ、校則を守る意味が理解できません。学校に行っても叱られることばかりの日々であれば、ストレスも強くなり、学校生活におけるつまずきの原因になること

相関関係と因果関係の違いの理解

相関関係と因果関係の違いを理解するためには、高度な認知発達が必要になります。
たとえば、身長と体重には相関関係があります。そして、身長が伸びれば体重は増えますが、体重が増えたからといって身長が伸びるわけではありません。

［相関関係と因果関係を比較するには、時系列をイメージできることが大事］

身長が伸びる  体重が増える

体重が増える  身長が伸びる

ADHDだから多動なのではなく、多動だからADHDと診断されます

があります。

ルールの理解は、スポーツやゲームなどでの対人関係にも大きな役割を果たします。サッカーのオフサイドは大人でも理解しづらいですが、ポジショニングなどを理解するためにも、仮説演繹的思考が必要です。

トランプ遊びでも、類似概念が発達しなければババ抜きなどができませんし、大富豪では「3が一番弱くて、2が一番強い」というルールを理解できなければ、友達と一緒にうまく遊べないことも考えられます。

＊出典：下山晴彦他編『誠信 心理学辞典［新版］』p.204（6-9 認知能力の発達、杉村伸一郎著）、誠信書房、2014

認知発達とは⑧

仮説演繹的思考が身につくと比較することができる

仮説演繹的思考ができるようになると、理想と現実や他人と自分とを比較できるようになります。

将来のイメージをもてるようになる

趣味や興味も、年齢や発達によって変化していきます。小学校高学年では、アイドルなどの歌手に興味をもち始める子どももいれば、プロ野球選手やJリーガーなどに興味をもち始める子どももいます。また、アニメやマンガの世界が好きなままでいる子どももいます。

仮説演繹的思考ができるようになれば、**「自分が将来どのような大人になりたいか？」というイメージをもつこと**ができます。「芸能人になりたい」「プロのスポーツ選手になりたい」「会社を経営したい」「YouTuberになりたい」などです。

もちろん、幼児のころから将来なりたい夢をもつことがあります。しかし、幼児や低学年の場合は、ヒーロー戦隊や魔法使いなど、非現実的であり、それを叶えるための方法がないものである場合もあります。

認知発達の遅れにより、社会性などがうまく育たないことも

「プロのスポーツ選手になる」という夢の場合、大人からすれば非現実的な話に見えるかもしれません。あまりにも非現実的すぎると、同じクラスの子どもたちから受け入れてもらえずに孤立し、友人関係や社会性がうまく育っていかないことも考えられます。

趣味や興味は個人の自由です。政治問題や環境問題に興味をもつ子どもたちもいます。趣味を共有できる友人がいて、そうした友人が同じクラスにいるなど、対人関係を学んでいくことも重要になります。

理想と現実の比較もできるようになる

仮説演繹的思考ができるようになると、理想と現実の比較もできるよ

年齢主義の教育のデメリット

人の発達
人の発達
人の発達

個人差や発達差がある

趣味興味
趣味興味
趣味興味

日本の教育では年齢主義が強い

子ども	大人
同じ年齢の友達をつくることが勧められる	同じ年齢の友達とは限らない

「中学校からは先輩に敬語を使わなければならない」という文化が日本では強く、同年齢集団の役割が重要になりすぎているかもしれません。同じクラスだけで友達をつくらせるのは、発達の機会を奪っているのかもしれません

うになったり、他人と自分とを比較することもできるようになります。

「もし、〜ならば○○する」と考えることができるようになると、相手の気持ちになって考えることができます。その一方で、「もし自分がお兄ちゃんのようだったら、もっと勉強ができたのに…」と、人と比較して悩むようになる時期でもあります。

そのことが、自尊心を傷つける原因になるかもしれません。いわゆる思春期は、ただ体つきが大きく変わる時期だけではなく、認知発達の観点から見ても、社会のとらえ方が大きく変わる時期であり、過剰に悩み、過剰に不安になる時期でもあります。

認知発達に合わせた支援が、障害の有無にかかわらず、重要であると考えられます。

「DABS」(診断適応機能尺度)とは？

知的障害は、発達期に発見され、知的機能の発達の遅れと、適応機能の遅れを同時に満たす発達障害です。

知的機能の発達の遅れは、知能検査によって測られる知能指数(IQ)で70を下回ることを意味しており、それは人口比で約2.3%以下の出現率のことを指しています。一方、適応機能に関しても、同様の出現率で測られるべきなのですが、標準化した適応機能尺度を作成することは文化や時代に大きく左右されるため、とても難しい状況でした。

そのようななか、世界的な知的障害の定義を定めてきたアメリカ知的発達障害協会(AAIDD)は、2017年にDABS(診断適応機能尺度：Diagnostic Adaptive Behavior Scale)を出版しました。

適応行動は、認知的スキル・社会的スキル・実践的スキルから構成されています。尺度は、4～8歳、9～15歳、16～21歳の3段階あり、本人のことをよく知っている家族や教師などの大人にインタビューする方式で行います。

具体的な項目としては、認知的スキルとして、「個人の権利の概念を理解している」「長さを測るのに定規や巻き尺を使う」、社会的スキルとして、「重要な決定をするときに誰が信用できるのかを理解している」「自分の価値観と違っていても他人の価値観に我慢できる」、実践的スキルとして、「清潔な服を着る」「汚さないで食べる」などがあり、それらに対して、「できない」「援助があればできる」「時々自分でできる」「自分でできる」の4段階で答えるようになっています。

適応機能も標準化した得点が出せることで、より合理的な支援が検討できます。日本で使用するには、文化の差を考慮する必要がありますが、私たちがソーシャルスキルトレーニングを行う際にも、役立つ情報になると思います。

出典：Marc J. Tassé, Robert L. Schalock, et.al.(2017) Diagnostic Adaptive Behavior Scale User's Manual, AAIDD.

さまざまなスキルの特徴とは？

スキルとは?

スキルとは「学習性の能力」を意味しています。

スキルをどう訳すか？

発達障害のある子どもへの支援では、「**ソーシャルスキルトレーニング（SST）**」の重要性がよく指摘されます。では、そもそもスキルとはどういう意味なのでしょうか？

日本語ではスキルを「技能」と訳している場合が多く、ソーシャルスキルトレーニングを「社会的技能訓練」と訳していることもあります。しかし、「技能」と訳してしまうと、何かテクニックをともなった技のようなイメージになってしまい、ソーシャルスキルは、他人に対する熟練した技のようにとらえられてしまうかもしれません。

それに対して、対人関係とは「技」ではなくて、「心と心でするものである」というように、ソーシャルスキルトレーニングを否定的にとらえられることもあります。

ソーシャルスキルは、学習や練習次第で大きく変わる

スキル（skill）を「オンライン版 ロングマン現代英英辞典」で調べてみると、「物事を上手に行う能力、特に、学習や練習をすることによる能力」[*1]（筆者訳）と書かれています。「talent」が生まれもった才能を表す能力に対して、「学習性の能力」を意味していると考えられます。つまり、**ソーシャルスキル（社会的スキル）も、学習や練習の結果で大きく変わっていく**と考えられるわけです。

発達障害（developmental disability）は、日本語では障害と訳されてしまったので、もう治らないもの（impairment）というイメージが強くついてしまいましたが、上手にソーシャルスキルを学習しているか否かの結果の問題だと考えられます。

スキル獲得の支援で大切なこと

スキル ＝ 学習性の能力

障害(disability)があるからできない　ではなく　できないから障害(disability)がある

「本人が獲得可能な適切なスキルを、どのように身につけていくことができるのかを考えること」が、ソーシャルスキルトレーニングや支援において重要になります

また、「**インクルージョン**」は、**障害のあるなしに関係なく、ニーズに合わせた特別なニーズ教育**を意味します[＊2]。したがって、スキルの獲得に困難があるというニーズに対して、「どのように上手にスキルを学習させていくか」「どのように上手にスキルを練習させていけばよいのか」という視点が最も重要です。

「障害が原因で対人関係が困難である」と考えるのではなく、「適切なスキルを獲得していないから障害がある」とされているだけなので、ソーシャルスキルトレーニングとは、**適切なスキルをどのように獲得していけばよいのかを考慮した練習**だと考えられます。

＊1 「オンライン版 ロングマン現代英英辞典」の skill の説明
「an ability to do something well, especially because you have learned and practised it」
https://www.ldoceonline.com/dictionary/skill
＊2 国立特別支援教育総合研究所「サラマンカ声明」
https://www.nise.go.jp/blog/2000/05/b1_h060600_01.html

さまざまなスキルがある

発達をしっかりとアセスメントし、「次にどのようなスキルを獲得させていくか」という個別の目標を立てることが大切です。

ライフスキルやコミュニケーションスキルも重要

スキルを「技能」ではなく、「学習性の能力」ととらえることができれば、人間の行動はほとんどがスキルの積み重ねと考えることができます。

そのため近年では、ソーシャルスキルだけではなく、生活全般や人生、命のあり方までを見越した「**ライフスキル**」、対人関係などのソーシャルスキルにおいても重要な「**コミュニケーションスキル**」などの重要性が指摘されています。

「スキル」という名称がついているものは、各専門家によって分類が異なることがあります。しかし、それらは概念の切り取り方の問題だと考えられます。

教科の学習はスキルの集合体

教科の学習も、スキルの集合体と考えることができます。たとえば、「読み書きスキル」「会話スキル」「リスニングスキル」「計算スキル」などは、発達障害のなかのLD（学習障害、学習症）などの重要な認知スキルになります。

また、英語などの「外国語スキル」、社会科であれば地図を読む「マップスキル」、理科でいえば「実験スキル」などが考えられます。技能教科でも、「鍵盤ハーモニカスキル」「リコーダースキル」「歌唱スキル」は音楽で、「描画スキル」は図画工作で、「走力スキル」「跳力スキル」「投力スキル」は体育で、「調理スキル」や「家事スキル」などは家庭科で必要とされるスキルです。

スキルを身につけるときの考え方

[さまざまなスキル]

- ソーシャルスキル
- 計算スキル
- 読み書きスキル
- 外国語スキル
- 会話スキル
- マップスキル
- リスニングスキル
- 実験スキル

など

スキルは、学習や練習によって身につけていく能力です。「何か苦手だ」「何か変わりたいな」と思ったら、「どのスキルを獲得すればいいのだろう」と考えると、具体的に何をすればよいのかが明らかになっていきます。

しっかりアセスメントし、個別の目標を立てる

発達障害の有無にかかわらず、人の発達には個人差があります。2人いれば、どちらかの発達が早く、どちらかが遅いことになります。「得意なことを活かす」ことはよくいわれますが、得意・不得意も、あくまで集団のなかの相対的なことでしかありません。

発達障害は、知能検査や認知検査などの同年齢群の相対的な指標で評価されているものにすぎません。スキルの習得にも個人差があります。

しかし、スキルという言葉で大事なのは、それらは**学習や練習によって身についていく能力だと考えられること**です。「同年齢の子どもができているのに、どうしてこの子ができないのか」と考えるのではなく、**「その子の発達をしっかりとアセスメントし、次にどのようなスキルを獲得させていくか」**という個別の目標が何よりも重要になります。

ソーシャルスキル①
ソーシャルスキルとは?

ソーシャルスキルは、対人面で社会的ルールなどをイメージし、効果的・合理的に行動できる力です（言語・非言語的な行動を含む）。

ソーシャルスキルの定義

相川（1999）*によれば、ソーシャルスキルとは、「対人場面において相手に適切かつ効果的に反応するために用いられる言語的・非言語的な対人行動」とされ、また、下記のようにまとめています。

①社会的スキルは、対人場面における目標（対人目標）を達成するために用いられるものである。
②社会的スキルは、言語的・非言語的な対人行動として実行される。通常、複数の言語的・非言語的な対人行動が同時に使用され、個々の対人行動は相互に関連し合っている。
③個々の対人行動の統合と統制、相手の行動の解読、社会的ルールに関する知識、感情統制など、対人的な能力が対人行動の実行を可能にしている。
④社会的スキルの良否は、効果性と適切性の観点から判断できる。効果性とは、対人目標が達成され相手との関係が肯定的になることである。適切性とは、対人目標の達成方法が当の対人場面にふさわしいことである。
⑤社会的スキルは、自らの対人行動に対して他者が与える強化によって、または、他者の対人行動のモデリングによって学習されたものである。
⑥社会的スキルの欠如や良否は特定でき、介入や訓練によって改善することもできる。

＊出典：相川充（1999）、中島義明他編『心理学辞典』p.371、有斐閣、1999

＋ ソーシャルスキルは練習で身につけられる ＋

［ ソーシャルスキル ］

- 学習性が高く
- 対人面において、社会的ルールや相手の行動をイメージして、効果的・合理的に行動できる能力のこと

練習をすることによって身につけることができるスキルです

ソーシャルスキルも練習や実践が大切

つまり、ソーシャルスキル（社会的スキル）とは、**言語だけではなく、表情や身振り手振りなどの非言語的なものも含みます**。そして、**対人面において社会的ルールや相手の行動をイメージし、効果的・合理的に行動できる力**を指します。

それらは、他人からの言語的・非言語的反応によって強化（その行動が増えること）されるなど、学習性が高いものといえます。したがって、ソーシャルスキルも練習や実践していくことが重要であると考えることができます。

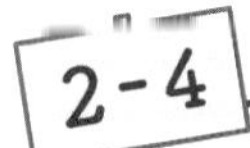

ソーシャルスキル②

ソーシャルスキルを身につけることは大切

ソーシャルスキルの獲得は、QOL（人生・命の質）を向上させていくと考えることが大切です。

相川（1999）*は、ソーシャルスキル（社会的スキル）をうまく学習できないことに関して、「主に発達段階の重要な時期に、①社会的スキルの適切なモデルに十分接触する機会がなかった、②社会的スキルを十分に実践してみる機会がなかった、③間違った不適切な社会的スキルを習得してしまった、という理由から生じる」と述べています。

また、「特定の社会的スキルが欠如していたり不適切に学習されていたりすると、対人的問題や適応上の問題を引き起こす可能性が増す。子どもの場合には、引っ込み思案や攻撃性との関係が検討され、成人の場合には、シャイネス、うつ病、精神分裂病などとの関係」を指摘しています。なお、ソーシャルスキルトレーニングを下記の通りまとめています。

> このような対人的な問題行動や適応上の障害をもつ個人を対象に、社会的スキルを新たに獲得させようとする訓練が各種考案されている。これらの訓練を総称して社会的スキル訓練と呼んでいる。

＊出典：相川充（1999）、中島義明他編『心理学辞典』p.371、有斐閣、1999

ソーシャルスキルの獲得はQOLを向上させる

発達障害などが指摘される子どもたちは、同年齢のクラスの子どもたちと上手に関係をつくるのが難しいことがあります。

しかし、「発達障害があるからソーシャルスキルの獲得が遅れる」と考えるのか、「ソーシャルスキルの獲得が遅れるから発達障害と呼ばれる」と考えるのかでは、その後の対応が変わってきます。

＋ ソーシャルスキルは普段の生活で学べる ＋

ソーシャルスキルは、学習性の能力です。したがって、それが身についていなかった場合、「適切なスキルの未学習」、もしくは「不適切なスキルの誤学習」と考えることができます。

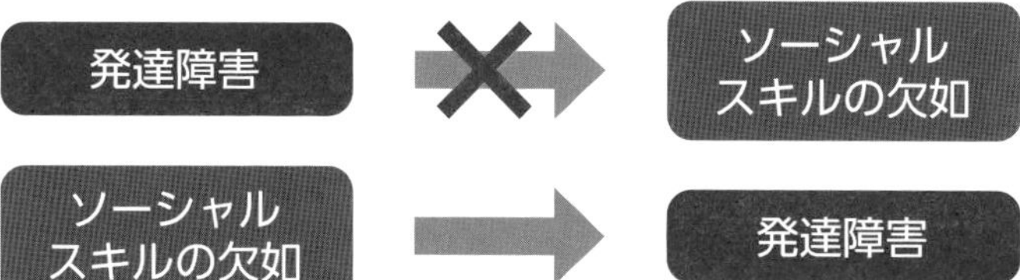

きっちりと構造化されていなくても、ソーシャルスキルトレーニングのように、普段の生活でソーシャルスキルを学ぶ機会はあります。

子どもが主体的に対人コミュニケーションをとれるような活動を大切にしていきましょう

もし、発達障害があるからソーシャルスキルが欠如しているのであれば、発達障害が治らなければ、ソーシャルスキルを獲得できないことになります。そうではなく、障害の有無にかかわらず、**ソーシャルスキルを獲得していくことは、QOL（人生・命の質）を向上させていくと考えることが重要**であるといえます。

社会性があるといわれる人たちは、日常生活で自然にソーシャルスキルを獲得していることが多く、わざわざトレーニングをしなくてもよいかもしれません。

ただ、核家族化が進み、きょうだいの数も少なく、家庭内で対人コミュニケーションの機会が減少している場合、保育園や地域でソーシャルスキルを無理なく学習できる場を準備することも、インクルーシブな社会をつくるために重要なことだと考えられます。

ソーシャルスキル③

ソーシャルスキルの意味

ソーシャルスキルトレーニングは、ソーシャルスキルを合理的に学んでいく機会を増やしていくという発想です。

子どもの行動を変えるには？

具体的にソーシャルスキルを考えてみましょう。みんなで食事をするときに、みんなの準備を待たずに一人で食べ始めてしまう子どもや、みんなと一斉に「いただきます」と言うことができない子どもがいると思います。そうした場合、「ソーシャルスキルが欠如している」と言われたり、「発達障害がある」と言われたりするかもしれません。

しかし、そこで発達障害のある・なしを議論したところで、その子どもの行動が変わるわけではありません。障害のある・なしよりも、「どのようにすれば、他の子どもと一緒にご飯を食べ始めることができるのか」「どのようにすれば、みんなと一緒に『いただきます』と言えるようになるのか」を考えたほうが合理的だと考えられます。

そもそも、ご飯を食べる前に「いただきます」と言うことが常識であり、それを言わないのは「発達障害があるからだ」とか「ソーシャルスキルが足りない」と考えること自体が、ソーシャルスキルがあるといえる行為なのだろうかという疑問にもなります。

社会的マナーやルールは変わる

アメリカ人は、ご飯を食べる前にお祈りをするかもしれませんが、「いただきます」という言葉を英語に訳すことは難しかったりします。「列にしっかり並ぶ」ということも、アメリカ合衆国や日本では常識かもしれませんが、順番を守ることをあまり重要視しない国もあります。

また、同じ国においても、時代によって社会的マナーやルールが変わる場合もあります。現在、日本では、ネット上のルールがどんどん厳しくなっています。20年前に許されたことも、いまでは炎上などで許され

「いただきます」も文化

「いただきます」というのも文化です。レストランに行ったら、みんなが一斉に「いただきます」とはあまり言いません。

時間と場所とタイミングを合わせるのも、一つひとつの学習によって身につけていきます

なくなっていることも多くあります。

発達障害があるといわれる人たちは、確かに言葉の発達がゆっくりであるために、抽象的なルールの理解が難しいこともあります。しかし、ソーシャルスキルが欠如しているのは、言葉の発達に合ったトレーニングやその実践を活かす場が少なかったからだと考えられます。発達障害があるから、ソーシャルスキルを一生獲得できないわけではありません。

むしろ、ソーシャルスキルトレーニングという用語は、障害をできない理由とするのではなく、**合理的に学んでいく機会を増やしていくという発想**だと理解していただければと思います。

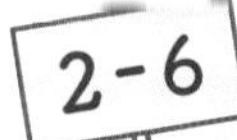

ソーシャルスキル④
ソーシャルスキルは後天的に学習する能力

社会性とは、後天的な学習性の能力であるスキルとしてとらえる必要があります。

敬語もさまざま

「あいさつをする」「敬語を使う」ということも、社会人では大変重要なソーシャルスキルかもしれません。前項の「いただきます」で説明したように、母国語によってソーシャルスキルが異なるのは、言語が違うのでイメージしやすいでしょう。

日本語の敬語には尊敬語・謙譲語・丁寧語などの種類があり、中学校の国語科でそれらを学びます。しかし、中学校に入って敬語が使えないと、「生意気だ」とされてしまい、集団から外されてしまう子どもたちもいます。

英語にも敬語があります。日本人が理解しづらい現在完了形や過去完了形などの時制によって、敬意を表したりするそうです。

コンビニ敬語と呼ばれる「よろしかったでしょうか？」という表現も、過去を表しているのではなく、完了形を表しながら敬意を表現しているといわれますが、違和感を抱く人もいます。

非言語的なソーシャルスキルは、文化などによって違う

ソーシャルスキルには、「**言語的なソーシャルスキル**」と「**非言語的なソーシャルスキル**」があります。

非言語的なソーシャルスキルは、母国語に左右されない普遍的なプリミティブ（原始的）な能力であり、言葉が通じなくても身振りや手振りであればコミュニケーションが取れるとイメージされがちです。

しかし実際は、身振りや手振りも各国の文化や慣習に依存していることが多くあります。

たとえば、日本人は「Yes」を示す場合は首を下に動かしてうなずきま

ソーシャルスキルは国や文化によって違う

国や文化による違い

- あいさつで抱擁や口づけをする文化もありますが、日本でそれを行うのは少し恥ずかしかったりするでしょう
- 電車に乗るときに、しっかりと列に並んで待つのがソーシャルスキルの文化もありますが、それほど厳しくない文化もあります
- インドの人は、首を横に傾けてYESを表します

すが、インドの人は首を横に傾けて「YES」を示す場合があります。日本人にとっては否定されたのかと勘違いしてしまいますが、肯定的な意味であったりします。

また、授業中に日本人は指を開いて挙手しますが、ドイツやフランスでは指を上げるそうです。

これらのように、文化や慣習によって異なるということは、後天的に学習していることを意味します。だからこそ、**社会性とは、後天的な学習性の能力であるスキル**としてとらえる必要があり、それらを学ぶために、ソーシャルスキルトレーニングが重要であることがわかります。

コミュニケーションスキル①
コミュニケーションスキルとは?

赤ちゃんにとっては泣くことがコミュニケーションの始まりですが、視線を使ったコミュニケーションの発信も行なっています。

コミュニケーションとは、人と人との情報の相互作用を意味する、最も重要な人間の社会的行動の一つであるとされています[*1]。語源はラテン語のcommunicareで、「共有する」という意味であり、社会的相互作用を通じて意味を共有すると考えられます。

コミュニケーションは、「**言語性コミュニケーション**」と「**非言語性コミュニケーション**」に大きく分けられます。そして、「**コミュニケーションスキル**」は、これらを育てていく学習性の能力だと考えられます。

共同注意とは？

まず、**赤ちゃんにとっては泣くことがコミュニケーションの始まり**といえます。泣くことによって養育者に対して何か要求を伝えようとしていることも、主体的なコミュニケーションとしてとても重要です。

また、ただ泣くだけではなく、**視線を使ったコミュニケーションの発信**もしています。欲しいものを注視したり、養育者の顔を注視したりすることは、コミュニケーションにおいて重要なスキルとなります。

自閉スペクトラム症とされる子どもたちは、目を合わせることが苦手であったりします。そして、「9か月の奇跡」と呼ばれる「**共同注意(joint attention)**」の発達が遅れます。

共同注意とは、「**他者との間で、共通の対象に注意を向けること**」とされています[*2]。生後9か月より前は養育者と子どもの二者関係になりますが、9か月ぐらいになると、養育者が指を差したものを赤ちゃんも見るようになります。

ここで、**養育者と赤ちゃんとものという三項関係が成立することが、言葉の発達においてとても重要**であることが指摘されています。その成

共同注意

共同注意が、コミュニケーションの発達において注目されています。

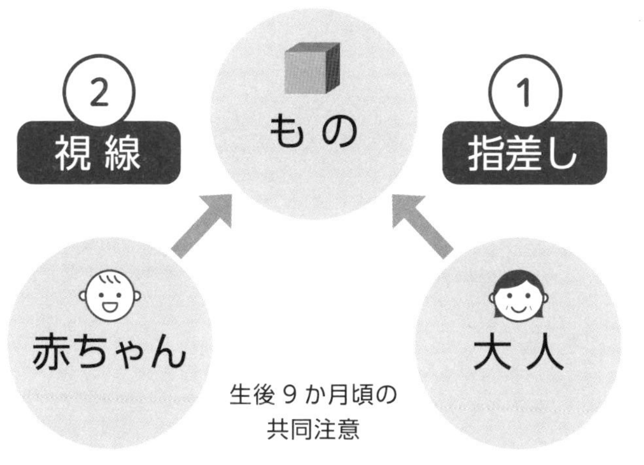

コミュニケーションは２つに分けられる

コミュニケーションとは、人と人との情報の相互作用を意味する、最も重要な人間の社会的行動です。

- 言語性コミュニケーション：音声言語や書字言語
- 非言語性コミュニケーション：視線や表情など

立が遅れている自閉スペクトラム症とされる子どもたちにも、まずは目を合わせるトレーニングをすることによって、コミュニケーションスキルを育てていくことが重要だと考えられます。

＊１　出典：下山晴彦他編『誠信 心理学辞典［新版］』pp.209-210（8-11 コミュニケーション、川端美樹著）、誠信書房、2014

＊２　出典：下山晴彦他編『誠信　心理学辞典［新版］』p.193（6-4 初期コミュニケーションと言語発達、針生悦子著）、誠信書房、2014

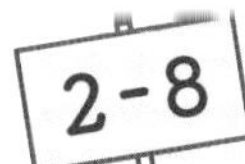

コミュニケーションスキル②

赤ちゃんの主体的な発信に気づく

赤ちゃんの主体的な発信に気づかないでいると、赤ちゃんからの発信は少なくなってしまいます。

生後12か月頃には、赤ちゃんが主体的に指差しをする

「9か月の奇跡」は、養育者が指差しをしたものを赤ちゃんが見るというものでしたが、その3か月後である**生後12か月ぐらいになると、赤ちゃんが主体的に指差しをするようになります**。

赤ちゃんは、大きくて動くものに興味を示します。たとえば、自動車が通ったときに「あ！　あ！」と声を出しながら指を差したとします。養育者が「ブーブーだよ」と言うと、赤ちゃんは自動車を指差しながら「ブーブー」と養育者の真似をし、自動車とブーブーという言葉が連結し、その指差ししたものを「ブーブー」ということを学習します。

赤ちゃんからの発信をスルーしない

このように、養育者が主体ではなく、赤ちゃん自身が主体的になってコミュニケーションスキルを発揮し、言葉を獲得していくことが近年大きく注目されています。かつては、養育者が主体的になって自動車を指差しし、「ほら、ブーブーだよ」と赤ちゃんに働きかけることが重要視されていました。「言葉の海につからせてください」「言葉のシャワーを浴びさせてください」と言われていました。

それらは間違っているわけではないですが、大切なのは**子どものコミュニケーションスキルを育てることであり、子どもが主体的にコミュニケーションを発信すること**です。それを維持するためには、養育者や大人がしっかりと応えてあげることが必要だといえます。いくら養育者がたくさん話しかけたとしても、赤ちゃんからの発信に気づかずにスルーしてしまうと、自然に赤ちゃんからの発信は少なくなります。

これは、私たちがSNSを使うときも同様です。仲良くなりたい友達へ

たくさんメッセージを送信したところで、上手にコミュニケーションが成立するわけではありません。相手のメッセージに対してしっかりと返事をすることが重要であり、既読スルーが相手に不安を抱かせてしまうのと同様であると考えられます。

子どもが主体的に発信しているのに、無視されてしまうことによって、コミュニケーションスキルの獲得の機会を失っていることもあります。

コミュニケーションスキル③
子どもの発信に周りの人が応える

子どもが主体的にコミュニケーションスキルを発達させるためには、大人やきょうだいが積極的に応じることが重要です。

養育者が主体であるコミュニケーションに注意

2歳前後になると、「これ何？」と子どもがうるさいぐらいに質問をする時期があります。これはとても重要な時期であり、それに対して一つひとつ応えていくことによって語彙を拡大させていきます。

しかし、養育者に余裕がなければ、子どもからの主体的な問いかけに対して応えることが少なく、コミュニケーションスキルの発達に問題が起きたりすることが考えられます。

「早く食べなさい」「早く着替えなさい」「早く寝なさい」といった養育者が主体であるコミュニケーションも、関わりが決してないわけではありません。しかし、子ども自身が主体的に学んでいくという状態になっていないので、子どもは常に受動的になり、指示があってはじめて動くというスキルになってしまいます。

コミュニケーションは相互反応ですから、大人が話しかけたことに対して子どもが応えることもコミュニケーションです。しかし、子どもがコミュニケーションの意図を示したことに大人が積極的に応えることも、コミュニケーションにおいては重要なことです。

子どもの主体的な反応に応える

たとえば、テレビやビデオなどを子どもに見せっぱなしという育児に対して批判の声があったりします。

そこで日本小児科学会（2004）は、「2歳以下の子どもには、テレビ・ビデオを長時間見せないようにしましょう」と述べています。そして、「乳幼児にテレビ・ビデオを一人で見せないようにしましょう。見せるときは親も一緒に歌ったり、子どもの問いかけに応えることが大切です」

としています。

(https://www.jpeds.or.jp/uploads/files/20040401_TV_teigen.pdf)

視覚的・聴覚的にさまざまな刺激を出すテレビやビデオは、一見、言葉の発達を促すように感じるかもしれません。しかし、子どもが主体ではないので、一方通行なコミュニケーションになっていると考えられます。

大切なことは、子どもが主体的にコミュニケーションスキルを発達させていくことです。したがって、養育者やきょうだいが一緒に見ることによって、子どもが積極的に指差しをしたり、「あれ何？」と積極的に問いかけてきたりするのがよいことであると考えられます。

コミュニケーションスキル④

聞くスキル

コミュニケーションスキルは、自分と相手の相互作用であるため、お互いを尊重して会話を成り立たせることが大切です。

他者に譲るのも、褒められることで肯定的に学習できる

コミュニケーションスキルは、乳児期の言語発達だけではありません。集団に入れば、友達と遊ぶためにおもちゃの貸し借りをするなどのやり取りも、コミュニケーションスキルになります。

また、会話の順番を待つことや他人の会話をうなずいて承認すること、自分の主張をすること、相手の立場になって考えることもコミュニケーションスキルになります。

他人に自分のものを渡したり、相手に自分の順番を譲ったりすることは、一見、自分にとっては不利なことかもしれません。「情けは人のためならず」は、「人に対して情けをかけておけば、巡り巡って自分によい報いが返ってくるという意味」（文化庁『文化庁月報平成24年3月号(No.522)』）です。

この言葉と同じように、自分より小さな子どもにおもちゃやお菓子を譲った場合、「やさしい子だねぇ」「えらいねぇ」と褒められることによって、肯定的に学習することができます。そして、のちのち自分にとって有利になることが理解できるようになることも、コミュニケーションスキルとして重要な概念だと考えられます。

聞くのも大切なスキル

また、コミュニケーションスキルは、話す側の発信だけではなく、聞く側である受信側としてのスキルもあります。

「アクティブリスニング」（積極的傾聴）という言葉がありますが、積極的に聞く態度を見せることは、相手が話しやすくなるために必要なスキルであり、話し手も話しやすくなります。

話し上手は聞き上手

［コミュニケーション］

受信（聞く）

発信（話す）

相互作用で成立

一方的ではなく、お互いをリスペクトして会話が成立するように学習することが大切です。自分がしてほしいことを相手にするのも、ソーシャルスキルの基本になるかもしれません

「話し上手は聞き上手」といわれますが、聞き上手になることによって相手に伝わりやすくなるのも、コミュニケーションスキルは自分と相手の相互作用であるということを示しています。

SNSのコミュニケーションスキルを身につける

そして、現在では、SNSによるコミュニケーションスキルも重要視されています。

SNSは近年、急速に発展してきているコミュニケーションの分野です。したがって、発達障害の有無や老若男女にもかかわらず、新しいスキルとしてすべての人が上手に身につけていかないといけないものだと考えられます。

アカデミックスキル①
読みスキル

読みに関するアカデミックスキルは、単語や文章として理解できるようになっているかを含めて考えます。

読み書き計算は就学前でも重要

「**アカデミックスキル**」は、就学後に必要とされる「読み書き計算」などのスキルで、これは就学前においても重要です。まずは、「**読みスキル**」から説明していきます。

文字の読み書きは、使用される言語によって文字の種類や音韻数が異なるように、学習によって身につけていくスキルです。したがって、国によっても読み書き障害の発生率は異なります。

また、人類の歴史から見れば、読み書きが必要になった時代はそれほど古くはありません。我が国の場合、江戸時代では読み書きができない人が多くいたので、読み書きができないことは障害とはされていませんでした。

しかし、現代ではすべての子どもが義務教育の対象になっていますので、読み書きが困難な子どもは、発達障害とされるようになりました。

読み書きについてのさまざまなスキル

就学前ではひらがなの習得は義務になっていませんが、自分の名前を読めたり書けたりするスキルのトレーニングは、幼稚園や保育所で行われています。

文字の取得前でも、絵や写真などのカードを使った呼名やマッチングは、アカデミックスキルの初歩段階になります。三角形やひし形などの形の弁別や模写も、文字を習得するためのアカデミックスキルと呼ぶことができると思います。

我が国にはひらがな・カタカナ・漢字の文字がありますが、社会人でもすべての漢字が読めるわけではありません。また、1文字1文字読めれ

読み書き障害のトレーニング

読み書き障害は、読み書きスキルの習得や使用に困難な状態を指す。（視覚障害や聴覚障害のような器質的な障害ではない）

判断・実態把握基準では、低学年では1学年以上の遅れ、高学年では2学年以上の遅れをもって学習障害とされる

年齢や学年ではなく、その子どもの発達に合わせた漢字の習得を目指す
（学年相応の漢字の読み書きの習得は難しい可能性も）

タブレットやパソコンを支援ツールとして使うことは重要ですが、文字が読めるようにならないと書くことは難しく、支援ツールとして用いるのは困難です。

期待される学習

- 音声入力による文字化のフィードバックによって学習
- 「あいうえおボード」のように、クリックしたら音声出力されるような学習（英単語のスペルを読む学習にも役立つ）

ばいいのではなく、「単語として認識できるか」「文を理解できるようになっているか」「文章として理解できているのか」を含めて、読みに関するアカデミックスキルと考えられます。

これらはトレーニングや実践の結果であり、絵本や読書、新聞やインターネット、SNSなどを楽しむことができるのも、アカデミックスキルの要素になると考えられます。

アカデミックスキル②
書きスキル

SNSやチャットツールの登場によって、文字で表現する機会が以前よりも増えていると考えられます。

読むことはできても書くのは難しい

文字を読むことと書くことは、異なったスキルだと考えることができます。それは、私たちも「薔薇」とか「鬱」という字を、読むことはできても書くには相当練習を必要とするからです。

「dyslexia」は、日本語では「読み書き障害」と訳されがちです。しかしアメリカ合衆国では、「dyslexia」と「dysgraphia」を区別しているので、前者を「読み障害」、後者を「書き障害」と分けるほうが合理的かもしれません。

アメリカなどのほうが読み障害は多い

ただ、日本の場合は漢字を書いて覚えなければならず、小中学校の義務教育で覚える必要があるのは2千文字以上です。したがって、外国人が社会人になってから漢字を覚えるのは、相当に難しいことだと考えられます。

英語の場合、26個のアルファベットを覚えれば文字が読めるわけではありません。英語はローマ字読みのような容易な法則では構成されていないので、アメリカ人やイギリス人のネイティブであっても、単語練習をしないと読み書きができないこともあるので、我が国よりも多く読み障害が存在しているといわれています。

SNSなどによって、文字での表現が増えた

読みスキルと同じように、「**書きスキル**」は1文字1文字書ければよいわけではなく、「文や文章を書くことができるのか」といったことも含まれます。文章を書くためには、自分で述べたいことを、文法や段落に合

読めても書けない文字はたくさんある

名字の人は書くことができますが、そうでなければなかなか書くことは難しいでしょう。

漢字や英単語の学び方は人それぞれ

漢字　書き順どおりに書いて覚える人が多いですが、左利きの人などが書き順にこだわりすぎると、書きづらいことがあります。

英単語　書いて覚える人もいれば聞いて覚える人もいるように、学び方も人それぞれだと考えられます。

多様な学び方が認められずに年齢で学習することが決められてしまうと、「できない貯金」が貯まってしまい、大きな問題になります

わせてまとめていかなければなりません。

「小学校のときに作文が嫌いだった」という大人は多くいます。書きスキルは、大学以降ではアカデミックスキルのなかでもレポートや論文を書くなどにおいて、非常に重要な役割があります。

ただ、レポートや論文のようなかたい文章ではないですが、現在ではSNSやチャットツールがありますから、絵文字やスタンプを使いながら、文字によって表現する機会がかつてと比べて増えているとも考えられます。

それらを使って、読み書きスキルを楽しくトレーニングしたり実践したりするのは、望ましいことではないのでしょうか。

アカデミックスキル③

計算スキル

時計が読めないとペース配分を行うのが困難など、計算スキルは計算以外にもさまざまな場面で求められます。

複合的な価値を比較する際にも役立つ

「**計算スキル**」というと、計算ドリルを解くことをイメージするかもしれません。たし算やひき算、かけ算やわり算などのドリルを使用して正解を出すのも大切なスキルです。しかし、**世の中を数で測って思考していく**のも重要なアカデミックスキルです。

「比較概念」の項目でも説明しましたが、プライオリティの選択においては、**重要性の数値化ができることによって合理的に選択ができます**。

また、「給料は安いけれどもやりがいがある仕事」と、「給料は高いけれどもやりがいがあまりない仕事」。単純に給料という数値化されているもので比較するのは容易ですが、この問題のように**複合的な価値を比較する際も、数学的トレーニングが役に立つこともあります**。

順番をつけるためにも「数概念」が重要になりますが、1番しか納得できない場合、コミュニケーションスキルやソーシャルスキルにおいて困難を示すことがあります。2人中2番は負けを意味しますが、10人中の2番であれば、とても優秀なことになります。

計算スキルも練習と実践によって身につく

時計が読めないと、ペース配分を行うのが困難です。「授業があと10分で終わる」というイメージができれば、我慢することができますが、時計が読めないと、自分が飽きてしまったところで離席してしまうことも考えられます。

また、大人数の料理をつくるときに、「どれだけの材料を準備しなければいけないのか」ということも計算スキルにあたるため、「どれだけの時間が必要になるのか」が計算できないと、仕事で大きな失敗をしてしま

＋ 偏差値について ＋

偏差値	異なるテストや検査で比較するための方法 (国語の90点と数学の90点は同じ能力を意味しない)

偏差値は、2人いればどちらかが偏差値60で、どちらかが偏差値40です。正しく理解しないと、「偏差値だけを上げればいい」となることがあります。「WISC-IV」などの知能検査や「K-ABC II」などの認知発達検査で用いられる数値やIQなどは、偏差値法で求められます。

［偏差値は絶対値ではなく相対値:同じIQの場合］

小学校1年生と小学校6年生の子どもがIQ100の場合

同じ IQ であれば、生活年齢が高い子どものほうが、能力が高いことになります。

4月生まれと3月生まれの1年生の子どもが同じIQである場合

ほぼ 1 年の発達差があることを意味しています。

偏差値を使うことで、「言語理解が得意なのか」「知覚推理が得意なのか」を評価できます

うことも考えられます。

これらのような計算スキルも、練習と実践によって身についていくと考えられるので、主体的な経験が重要だと考えられます。

アカデミックスキル④

その他のアカデミックスキル

外国語の学習やノートテイキングスキルなどもアカデミックスキルの一つです。

外国語の学習は、母国語をさらに学ぶ機会になる

英語などの外国語を習得することも、アカデミックスキルだと考えることができます。外国語を話せるようになると、交友関係が広がってさまざまな経験ができるチャンスが広がり、いろいろなスキルを学ぶきっかけになります。

また、外国語を学ぶことは、母国語をさらに学ぶ機会になります。「skill」という単語は「技能」と訳されますが、「むしろ『技能』という言葉は何を意味するのであろうか」と考えたりするからです。

小学校や中学校で学ぶ内容はそれぞれ意味があることですが、大人になるとそれらを忘れてしまい、「学校の勉強はあまり意味がない」と思ってしまうのは、とても残念なことだと思います。

ノートテイキングスキル

小中学校で身につけておきたいアカデミックスキルとして、「**ノートテイキングスキル**」が挙げられます。

これは、ただ板書を書き写すだけではなく、**先生の話で特に重要なことを聞き取り、それをノートに書き残しておくというスキル**です。あとでノートを読み直すことで、学習したことを思い出すきっかけとなり、記憶が定着しやすくなるとも考えられます。

「主体的・対話的な深い学び」を重視

2020年度より学習指導要領では、「主体的・対話的な深い学び」という新しいアカデミックスキルが重要視されています。

従来の教科書を理解した記憶量を試されるのではなく、**児童・生徒が**

＋ ノートティキングスキルのポイント ＋

［ノートテイキングスキル］

要点を絞って重要な単語を書き、その後に説明を加えていくスキルの獲得が目指される

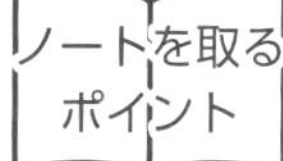

- 自分で図や表にまとめる
- 蛍光ペンを使って色分けをする
- 自分で疑問に思ったことを書く

大学や講演会では決められた教科書がない場合が多く、資料の配布が多いですが、その資料の余白に説明や疑問点を書くことで復習の機会をつくることも重要です

主体的に学び、先生とだけではなく、同級生とも対話をしながら学んでいくことが望まれています。プロジェクト学習などは、自分で調べた結果を人に伝えるスキルが必要になっていきます。

このように、アカデミックスキルも時代によって変わっていきます。発達障害があるといわれる子どもたちにとって、「主体的・対話的な深い学び」は、単に記憶すればよいわけではないので苦手な部分もありますが、実際に自分で調べて学習することで身につきやすくなる側面もあります。

いずれにしても、スキルとは環境によって学んでいくものだということも理解できると思います。

ライフスキルとは?

ライフスキルには10個の中心となるスキルがあり、具体的な行動目標の設定が重要です。

ライフスキルの定義

WHO（2020）によれば、「ライフスキル」とは、「日々の生活で要求されたり、チャレンジしたりすることを上手に行う適応的かつ肯定的な行動に関する能力であり、社会のなかで、自立的かつ生産的に生きていくために個人に準備されるスキルのこと」（著者訳）としています。

ライフスキルの種類

ライフスキルで中心となるのは、下記の10個のスキルです。

①意思決定スキル、②問題解決スキル、③批判的思考スキル、④創造的思考スキル、⑤コミュニケーションスキル、⑥対人関係スキル、⑦自己認知スキル、⑧共感スキル、⑨ストレスに関するコーピングスキル、⑩情動に関するコーピングスキル

これらのスキルはそれぞれ独立していますが、関連しているものもあります。WHOは、障害の有無にかかわらず、ライフスキル教育の提唱を行なっています。

しかし、発達障害があるといわれる子どもたちにおいても、社会において自立していくために、育てていかなければならないスキルだと考えられています。

具体的な行動目標の設定が重要

これらを身につけるためにも、**具体的な行動目標を設定していくことが重要**になります。抽象的な目標は、達成基準が不明確になるからです。

ライフスキルの種類

意思決定スキル	自分たちの人生に関する決定を建設的に取り扱うのに役立つスキル
問題解決スキル	自分たちの人生の問題を建設的に取り扱うことを可能にするスキル
批判的思考スキル	情報や経験を客観的に分析するスキル
創造的思考スキル	利用可能な代替手段やさまざまな結果を探求することを可能にすることで、意思決定と問題解決に貢献するスキル
コミュニケーションスキル	自分自身を表現するスキルで、それは言語的であったり、非言語的であったりし、私たちの文化や状況に適切な方法で行うスキル
対人関係スキル	交流する人たちとポジティブな関係をもつことを助けるスキル
自己認知スキル	自分自身の認知や性格、ストレングスや弱み、希望していることや苦手なことに気づくスキル
共感スキル	あまり親しくない状況であっても、他の人の人生がどのようなものかを想像するスキル
ストレスに関するコーピングスキル	自分の人生におけるストレス源や、それがどのぐらい影響を与えているか、そのストレスのレベルをコントロールするためにどのようなことを行えばいいかを認識するスキル
情動に関するコーピングスキル	どのような情動が行動に影響し、適切にその情動に対して反応していきながら、自分や他人の情動を認識するスキル

参考：https://apps.who.int/iris/bitstream/handle/10665/331948/9789240004849-eng.pdf?sequence=1&isAllowed=y

これらの概念を観察可能な行動目標に具体化していくことが、ライフスキルの獲得において重要だと考えられます。

「主体的・対話的な深い学び」とSST

「主体的・対話的な深い学び」は、2020年度より始まった新しい学習指導要領の大きなポイントとなっています。これは、「アクティブラーニング」を日本語にしたものですが、そもそもアクティブラーニングの重要性は大学教育の一環で指摘されたものでした。

大学教育において、一方的な知識の伝達ではなく、学修者が受動的ではなく能動的に学ぶことを目指し、問題解決学習や体験学習、グループディスカッションやディベートなどの協働的な学習に取り組んでいくことが主張されました。

一方、初等教育や特別支援教育では、従来から子どもが主体的・体験的に学んでいくことが中心でした。したがって、いままでの教育を否定するものではなく、今後は対話的な学びや深い学びを加えていくなかで、子どもたちにおける協働的な学びの重要性も指摘されるでしょう。

本書のテーマは「ソーシャルスキル」になりますので、ソーシャルスキルトレーニング（SST）こそ、まさに主体的・対話的な深い学びになることが重要になります。

マナーやルールなどは、知識として覚えるのではなく、実際に経験していくなかで、「楽しいな」「うれしいな」と感じて学習していくことが大切です。「順番を守りなさい」と叱られて学習するのではなく、「順番を守る」ことで相手を尊重し、自分も尊重される経験を通じて、主体的に身につけていきたいスキルといえるでしょう。

「ディベート」も、自分の主張をすることだけが大切なのではなく、自分と反対の立場になって主張することを学ぶトレーニングになります。分断が指摘されているいまだからこそ、大人もぜひ身につけたいスキルだと思います。

応用行動分析やポーテージプログラムとは？

応用行動分析①

応用行動分析とは?

応用行動分析は、行動の原因を診断名などの仮説的構成概念などに求めず、個人と環境の相互作用の結果、行動が出現すると考えます。

応用行動分析の意味

「**応用行動分析**」では、「日常の生活のなかで起こる行動を取り上げ、その行動がどんなきっかけ（できごと・刺激）で起こり、その行動に周囲の人たちがどのように対応しているかを調べることによって、その行動がいつ起こるかを予想したり、起こり方を制御する働きかけを行ったり」*します。

応用行動分析は、行動の原因を「**仮説的構成概念**」に求めないのが大きな特徴になります。仮説構成概念とは、**実際に観察することが難しく、仮説によって構成されている概念**です。

たとえば、「自尊心」や「自己肯定感」「知能指数」「集中力」「やる気」「消極的な性格」「自閉スペクトラム症」「ADHD」「発達障害」など、観察できる行動から判断される概念のことを意味します。また、年齢も行動の絶対的な原因になりません。

つまり応用行動分析は、**行動の原因を精神論や診断名などの仮説的構成概念や年齢などに求めず、個人と環境の相互作用の結果、行動が出現する**と考えます。

精神論的な支援のアプローチをしない

私たちは、行動の原因を発達障害のせいにしがちです。たとえば、多動の子どもがいたときに、多動の原因をADHDという診断名にしてしまうことが多いです。しかし、「なぜADHDだと診断されたのか」と問われると、「多動だから」と答えてしまうことがあります。「ADHDだから多動なのか」「多動だからADHDなのか」と、この問いを繰り返すだけで、それは「循環論」と呼ばれる現象になってしまいます。

原因を分析するための考え方

ADHDと診断されていても、常に多動なわけではない

- 国語や算数の時間では、立ち歩きが多い
- 図工や体育の時間、休み時間では、集中して取り組むことが多い

「ADHDのせいなのか」「授業で何をしたらよいのかわからないために集中できないのか」を、個人と環境の相互作用で分析していきます

ADHDは操作的定義であり、多動・衝動性・不注意が観察されるときに診断される診断名であり、ADHDだから多動なわけではありません。

また、集中力がないから授業中に立ち歩いてしまうなど、精神論的な原因分析をされてしまうと、授業を本人に合わせようとするのではなく、集中力をつければいいといった精神論的なアプローチになってしまいます。精神論ではなく、合理的な支援法が求められており、それが「**合理的配慮**」になります。

＊出典：清水直治・吉川真知子編著『発達が気になる子どものためのポーテージプログラム入門』合同出版、2015

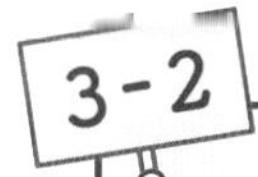

応用行動分析②
ABC分析とは?

後続刺激が大切であるため、しっかりとポジティブなフィードバックを行います。

ABC分析の考え方

応用行動分析では、「**ABC分析**」と呼ばれる分析が基本になります。ABC分析とは、「**先行刺激（Antecedent Stimulus）**」→「**行動（Behavior）**」→「**後続刺激（Consequence Stimulus）**」のそれぞれの頭文字を取ったものです。

たとえば、「水を飲む」という行動の場合、私たちは先行刺激として「のどの乾き」を原因として考えがちです。しかし水を飲む行動は、後続刺激の「のどの乾きが潤うから水を飲む」と考えることができます。どれだけ喉が乾いたとしても、その水が海水であれば飲むほどのどが乾いてしまうため、海水は飲まないからです。

我々が他人にあいさつをするのは、「あいさつをされたから」というきっかけもありますが、あいさつによってその相手がニッコリとしてくれるから、あいさつという行動が強化（行動が増えること）され、維持されると考えられます。

なぜならば、あいさつをしたのに相手が無視したり何も反応がなければ、自然とその人にはあいさつしなくなるからです。

相手の行動にしっかりとフィードバックをする

このように、行動の前にあるきっかけだけが大切なのではなく、**行動の後の結果によって、行動を増やしたり、減らしたりするのです**。SNSの「いいね」には同様の機能があり、「いいね」をもらえると、記事を投稿する頻度が高まります。

しかし私たちは、自分の行動の結果は気にしているのに、相手の行動に対してしっかりとフィードバックをしているかといえば、おろそかに

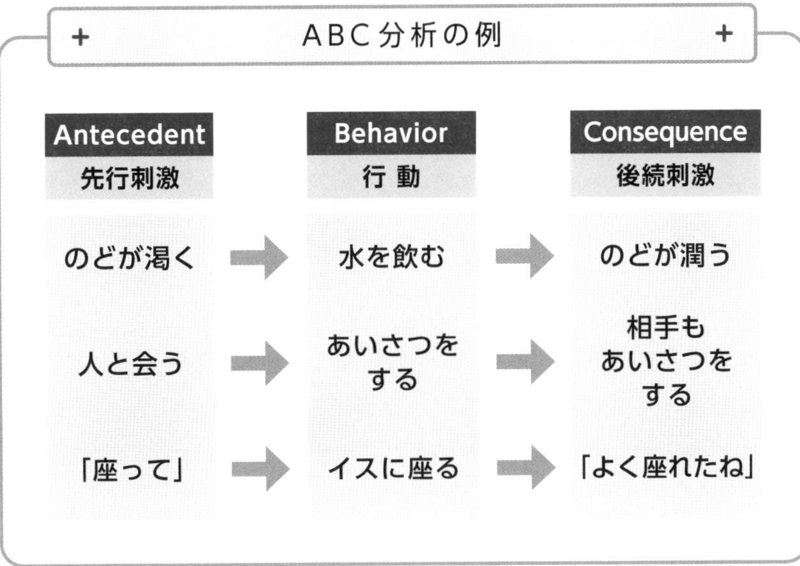

なっていることが多くあります。

たとえば、席から立ち歩いている子どもがいたときに、「座りなさい」と先行刺激を出すことに精一杯です。子どもが「座った」ときこそ最大のチャンスなのに、子どもが「座った」ことで満足してしまい、何もフィードバックをしないこともあります。すると子どもは、授業中に「座る」という行動を学習する機会を失ってしまいます。

子どもが主体であり、子どもが「座る」ことが何よりも重要なのですから、**子どもが「座った」ときに、即時に「褒める」などポジティブなフィードバックをすることが大切**です。

後続刺激が大切なのに、私たちは後続刺激を忘れがちです。それは、子どもが主体ではなく自分が主体になっているからです。指示をしたことが「行動」で、子どもの行動が「後続刺激」になってしまい、大人のほうが行動を学習することになってしまっています。

また、「がんばれ！ がんばれ！」という言葉かけは先行刺激なので、すでにがんばっている子どもたちには応援になっていないことがあります。大切なのは、「よくがんばったね！」と、後続刺激としてがんばったことを肯定的にフィードバックすることです。

応用行動分析③
無誤学習とは?

誤学習をさせない学びが重要であり、子どもの発達に合った達成可能な問題を出す必要があります。

「おもちゃが欲しい」と大声で叫ぶのは?

応用行動分析では、いわゆる「**問題行動**」(Challenging Behavior)は、**適切な行動の未学習か、不適切な行動の誤学習**と考えます。

たとえば、おもちゃ屋さんの前を子どもと一緒に通ったとき、子どもが「おもちゃが欲しい」と言ったとします。毎回おもちゃを買うわけにはいかないので、養育者は「買いません」と答えます。すると子どもは先ほどよりも大きな声で「おもちゃが欲しい」と言い、それでも養育者が「買いません」と答えると、さらに大きな声で叫び、養育者は「わかった、今日だけよ」とおもちゃを買ってしまうことがあります。

子どもは「おもちゃが欲しい」と大きい声で叫べばおもちゃを買ってもらえることを学習してしまったので、次からは最初から「おもちゃが欲しい」と大きい声で叫ぶようになります。つまり、「おもちゃが欲しい」と叫ぶことが強化(行動が増える)されたといえます。

誤学習をさせない学びが重要

発達障害があるといわれる子どもたちは、同い年のクラスの子どもたちよりも発達が遅れているので、なかなか自分の発達に合った課題が出されることが少ないです。

つまり、「何をすればいいのかわからない」ことばかりやらされたり、とても難しい問題を出されたりします。そうなると、集中して行うことは他の子どもたちよりも難しくなり、席から立ち歩いたり、手遊びを始めたりします。

それを見た大人は叱りますが、その結果、子どもは机にあるものを放り投げるなどの抵抗を示し、大人は「ではやらなくていい」と課題を取

子どもに合った課題を出す

子どもたちの問題行動は、課題をクラスの子どもたちに合わせている結果、無理なことをさせていて、その課題から逃れるために学習してしまったと考えることができる

したがって

発達障害があるといわれる子どもであればあるほど、その子の発達に合わせた課題を選び、その子どもが誤学習しないようにしていくことが重要になる

人間誰しも苦手なことをがんばるのはつらいですが、得意なことをがんばるのは楽しいものです。プロ野球選手やＪリーガーなどが努力をしていることは事実ですが、努力をした結果、成功体験を経験できれば、さらに努力するスキルを獲得していきます。

最初に行った課題が難しければ、そのあとも集中して取り組むことはさらに難しくなってしまいます

り下げることがあります。

こうなると、**子どもは嫌な問題が出されたときに、机のものを放り投げることを学習してしまいます**。

したがって、子どもたちに無理な課題を出すことが、子どもたちの問題行動の原因と考えられるので、**誤学習をさせない学びが重要**になります。これを「**無誤学習（エラーレストレーニング）**」と呼び、そのためには、子どもの発達をしっかりとアセスメントする必要があります。

年齢ではなく、子どもの発達に合った達成可能な問題を出すことが重要になり、それを「**課題分析**」と呼びます。

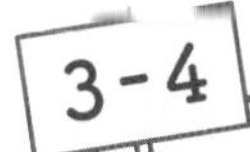

応用行動分析④

応用行動分析の4つの基本的パターン

子どもの行動目標は、本人が主語で達成可能であり、具体的であることが必要です。

応用行動分析では、ABC分析からわかるように、**行動の結果を大切にします**。人間を含めた動物は、ある行動を褒められたり、エサを得られたりするなど、その個体にとってポジティブな結果が起きる（随伴される）と、その行動が増えます（強化）。逆に、その個体にとってネガティブな結果になるとその行動は減少します（弱化）。

私たちの役割は、子どもたちの適切な行動を増やすことですから、適切な行動が見られたときは、積極的に褒めることが重要です。

たとえば、廊下を走るのをやめない子どもがいたとします。私たちはその子の指導目標を立てるときに、「廊下を走らない」ことを目標にしがちです。しかし、「廊下を走らない」ことを絵で表現するのは難しいので、抽象概念をまだ獲得できていない子どもはそれをイメージできません。私たちも「廊下を走らない」ことを目標としてしまうと、廊下を走っているときに注意することしかできません。

だからこそ、本来は「廊下を走らない」ではなく、「**廊下を歩く**」という具体的な行動目標にします。**行動目標は、本人が主語で達成可能であり、具体的であることが必要**です。目標が不明確だと子どもが何をすればいいのかわからないですし、教師や大人も何を褒めればいいのか不明確になるからです。子どもを具体的に褒めるためにも、具体的で達成可能な目標を設定することが何よりも重要になります。

個別の指導計画は、子ども自身が主体的に何をすればいいのかを表す計画であり、大人が何を褒めればいいのかという具体的な見立てになるものだと考えられます。

一度、誤学習したものを修正することはとても難しく、無誤学習の原理こそ、最も合理的な手段であると考えられます。

応用行動分析の4つのパターン

4つの基本的随伴性		
	出現	消失
好子(ご褒美など)	強化⬆	弱化⬇
嫌子(嫌なこと)	弱化⬇	強化⬆

行動分析では、後続刺激（随伴刺激）によって行動が変化し、ご褒美などの「好子（こうし)」と、嫌なことである「嫌子（けんし)」という概念があります。「強化子（きょうかし)」とも言われます。
わかりやすい順番で考えると、

❶ 褒められるとその行動が増える ……………… **好子出現の強化**

❷ 怒られるとその行動が減る ………………… **嫌子出現の弱化**

❸ 罰金によってご褒美が減るとその行動が減る …… **好子消失の弱化**

❹ かゆいところをかき、かゆみが減るとその行動が増える …………… **嫌子消失の強化**

しかし、叱るなどの「嫌子」を使って行動を制御すると、一時的にその行動は減りますが、問題行動の代わりの適切な行動を教えないと、教育効果は見られないことがあります。

応用行動分析では、❶の「好子出現の強化」を重要視します

この4つのパターン以外にも、「消去」というテクニックがあります。
「消去」は、不適切な行動が見られた場合は当然褒めず、叱りもしません。
「何も刺激を随伴しない」というテクニックになります。
相手の反応がないと、「消去抵抗（バースト)」と呼ばれる行動が見られるときがありますが、そのあと不適切な行動は減少します。

大切なことは、不適切な行動には反応せず、適切な行動に対して積極的にフィードバックしていくという考え方です

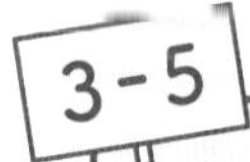

ポーテージプログラム①

ポーテージプログラムとは?

ポーテージプログラムは、0歳児からを対象とした早期教育プログラムで、3つの特徴があります。

ポーテージプログラムは1970年代に開発された

応用行動分析の考え方を日本に導入したプログラムの一つとして、「**ポーテージプログラム**」があります。

ポーテージプログラムは、1970年代にアメリカ合衆国ウィスコンシン州のポーテージという場所で開発された、**0歳児からを対象とした早期教育プログラム**です。日本では、1983年に日本版「ポーテージ乳幼児教育プログラム」が作成され、改定しながら35年以上使われています。2020年には、また新しくプログラムの見直しと改定が行われています。

ポーテージプログラムの3つの特徴

ポーテージプログラムには、3つの特徴があります。それは、**①家庭を中心としたプログラム(ポーテージモデル)、②一人ひとりの子どもの発達に応じた個別のプログラム(発達的アプローチ)、③応用行動分析の原理に基づいた指導(応用行動分析の原理の適用)**の3つになります。

1970年代より前は、障害がある子どもは家庭で育つのではなく、施設で指導を受けたり、生活をしていた時代がありました。日本で養護学校が義務化したのは1979年ですので、それより前は、知的障害がある子どもたちは、教育を受ける権利が認められているとはいえませんでした。

しかし、「**ノーマライゼーション**」の理念の浸透のもと、障害がある子どもも障害がない子どもと同様に、家庭で、親が中心となって子どもを育てていくことが大切だと考えられるようになりました。障害があろうとなかろうと、子どもに教育を受けさせる義務があるのは、親である国民にあるのです。

ポーテージプログラムの3つの特徴

親が指導の中心となり、家庭など日常生活場面のなかで指導を行う家庭中心プログラム

2
発達的アプローチ

一人ひとりの子どもの発達についてアセスメントをし、発達の系列性に従った個別対応

3
応用行動分析の原理の適用

「エビデンス・ベースト・アプローチ」という、指導の目標や結果を記録しながら、記録による意思決定にもとづく指導

そこで、ポーテージプログラムの専門家は、専門家自身が子どもを直接指導するのではなく、「ポーテージ相談員」として親の相談にのりながら、家庭を中心にご自身の子どもを育てることを支援するのが大きな役割となっています。

ポーテージという名前は地名でもありますが、その語源は「運搬」という意味があり、ポーテージプログラムも、家庭にプログラムを運ぶという意味をもっています。

※日本ポーテージ協会（https://japan-portage.org/）

ポーテージプログラム②
家庭を中心としたプログラム

ポーテージプログラムでは、子どものみならず、その親や家族全体も支援の対象だと考えています。

家庭のほうが主体的・合理的に学べる

子どもに限らず、大人もより本人にとって自然な環境でスキルを学習していったほうが合理的だと考えられます。

たとえば、お料理教室で料理を学ぶよりも、家庭のキッチンで料理を学んだほうが、「**般化**」（限定された相手・場所・時間などの場面だけで行えるのではなく、さまざまな場面でも学習したスキルを発揮できるようになること）しやすいです。

同様に、子どもたちが朝に着替えをしたり、一人でトイレができるようになったりすることなども、学校より家庭で学んだほうが、主体的・合理的に学習できると思います。

また、ポーテージプログラムは、応用行動分析の原理を用いていますので、子どもの行動を褒めることを大切にしています。

子どもたちにとって、最も身近な存在である親に褒められるのは、とても重要なことだと考えられています。そのためにも、親が具体的に子どもの行動を褒めることができるように支援していくことが重要になります。

支援の対象は、子どもとその親や家族全体

心理学や教育学の専門家ではない親が、子どもの指導の中心になるということに関して、否定的な意見があるのも事実です。

子どもにとって家庭までが指導の場となってしまい、親までが先生になってしまうと、愛情をかけ、安心できる安全基地がなくなってしまうといった批判もあります。それらの批判に対しては、真摯に向き合う必要があります。

ポーテージプログラムの様子

**ポーテージプログラムでは、
親へのカウンセリングにも時間をかけている**

ポーテージ相談員とお母さんと赤ちゃんが、
自宅で課題をやっています。

その一方で、子どもの発達の見立てや、上手に褒めるスキルを獲得できないまま親が不安な状態でいることは、親だけではなく、子どもにもいい影響を与えるとは考えられません。

人は、イメージができないときに強い不安を感じます。逆に考えれば、「この子の発達における次の目標は何か」という点を明確に見立てることができれば、子どもをしっかりと褒めることができるようになり、他の子どもとの発達差を比較することも少なくなるといえます。

達成可能な具体的な目標を提供することは、支援において合理的な手段です。**支援の対象は子どもだけではなく、その親や家族全体**だとポーテージプログラムでは考えられているのも特徴だといえます。

したがって、ポーテージプログラムでは、親へのカウンセリングにも時間をかけています。そして、親はその子どもの専門家と考えることも大切です。

ポーテージプログラム③

一人ひとりの子どもの発達に応じた個別のプログラム

ポーテージプログラムでは、6 領域から構成された 561 の行動目標を設定しています。

個別の指導計画の作成が義務化

現在、特別支援教育では、障害の種別にかかわらず、個人のニーズに応じた教育が重要視されています。

そのため、「学習障害だから」「自閉スペクトラム症」だからと、障害名で指導計画が立てられるのではなく、個人の発達に応じた個別の指導計画を作成することが、特別支援学校だけではなく、特別支援学級の児童・生徒、通級による指導においても義務化されました。

ポーテージプログラムの行動目標

しかし、ポーテージプログラムでは、開発当初から、個別の指導計画を作成することが特徴となっています。

子どもの発達は、年齢や障害名では決まっていません。身長の発達を見ても、年中組で年長組の平均身長より背が高い子もいますし、年少組の平均身長よりも低い子もいます。そもそも人間の発達には個人差がありますから、言葉や数などの認知発達に個人差があるのは当たり前です。

しかし、私たちが支援している子どもたちは、平均発達に比べて発達がゆっくりであるのに、課題は年齢ベースで決まっていることが多かったりします。すると、常に難しい課題が出される状況になってしまい、正解を出して褒められることよりも、不正解を出して叱られたり、問題を再びやらされたりすることが多くなります。これでは、学習が積み上がらないどころか、「できない貯金」がどんどん貯まった状態になってしまいます。

これまで説明してきたように、発達障害が原因というよりも、その子

＋ チェックリストの6発達領域：561の行動目標 ＋

45項目　乳児期の発達

生後4か月までの行動の中の発達の未分化な部分

85項目　社会性

対人関係、模倣、遊び、集団への適応

88項目　言語

理解言語、表出言語

100項目　身辺自立

食事、衣服の着脱、排泄、衛生、安全

110項目　認知

照合、弁別、比較、記憶、予測、模写、文字、数

133項目　運動

粗大運動・微細運動

出典：「ポーテージ早期教育プログラム－0歳から家庭でできる発達支援ガイド－ チェックリスト」日本ポーテージ協会

の発達に合った適切な課題を提供されていないことが、問題の本質であるともいえます。

ポーテージプログラムでは、0歳から6歳までの発達を、乳児期の「発達」「社会性」「言語」「身辺自立」「認知」「運動」の6領域から構成された561の行動目標を設定しています（上表を参照）。

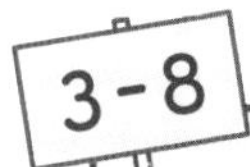

ポーテージプログラム④ 個別の指導計画について

ポーテージプログラムは、PDCA サイクルで進めることが重要になります。

行動目標は子どもに合わせてつくる

個別の指導計画では、**チェックリストを用いながら子どもが達成してきた行動目標をアセスメントし、達成可能な次なる行動目標を選ぶことが大切**になります。

ポーテージプログラムの561の行動目標は、子どもが主語で達成可能な具体的な行動が示されています。具体的な行動が示されていると、その行動が見られたときにしっかりと褒めることができるからです。

これらの行動目標は、標準的な発達（typical development）の子どもたちの発達の順序性・系列性に合わせてつくられています。それらの行動目標は、平均発達の子どもたちの発達を推測するためには合理的かもしれませんが、私たちが支援する子どもたちは、その順番どおりに発達するとは限りません。

これら561の行動目標は、あくまでも子どもたちが達成しやすい目標を設定するために用意されているものであり、すべてできなければならないわけではありません。

ポーテージプログラムに子どもを合わせるのではなく、子どもにポーテージプログラムを合わせることが必要になります。したがって、これらの行動目標以外の達成可能な行動目標をつくることも大切です。

PDCA サイクルでも無誤学習の原則が大切

ポーテージプログラムや応用行動分析の考え方は、就学前の子ども以外に、学齢期の個別の指導計画の作成の際にも重要になります。

ポーテージプログラムの561の行動目標だけではなく、国語や算数などの教科の学習、お友達同士のルール遊び、余暇活動、あいさつなどの

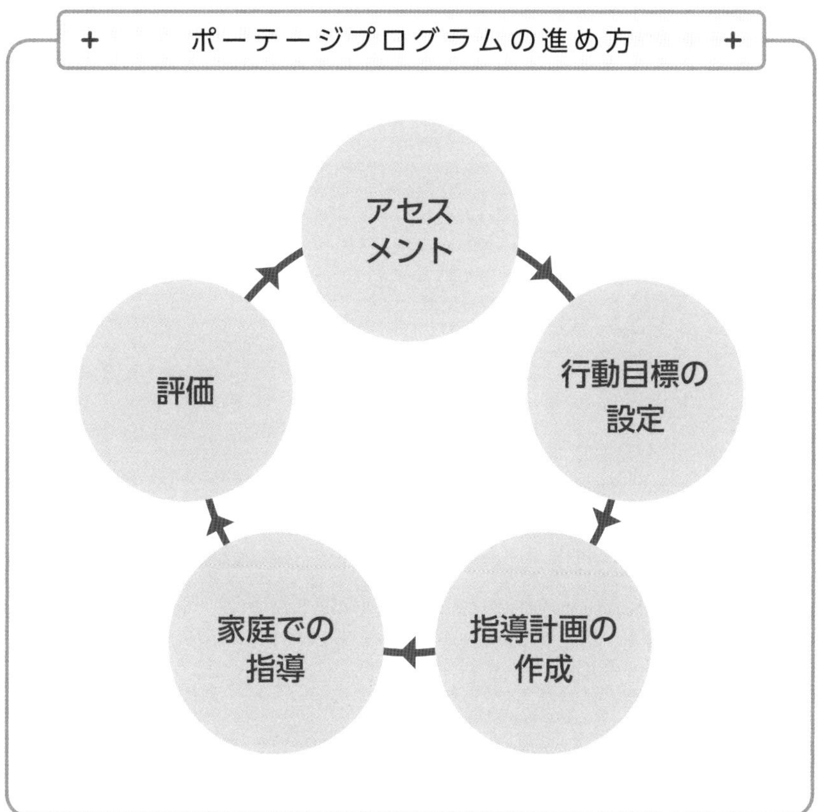

社会的行動などにおいても重要な考え方になります。

上図のように、まずはアセスメントをして、行動目標を設定し、個別の指導計画（Plan）を作成し、指導を行う（Do）、その結果を評価し（Check）、それを次の計画に活かしていく（Action）という「**PDCAサイクル**」が重要になります。

ここでいう評価は、個別の指導計画や指導のあり方ではなく、**子どもの発達に合った達成可能な目標になっていたかを評価することが重要**です。

もし、子どもが達成できていなければ、早急に目標を下げる必要がありますし、簡単すぎたならば、目標を上げる必要があると考えられます。子どもに誤学習をさせない、無誤学習（エラーレストレーニング）の原則が、PDCAサイクルにおいても重要になります。

ポーテージプログラム⑤

応用行動分析の原理

褒めやすい行動目標を立てることが大切で、そのために「課題分析」という行動目標をスモールステップ化する技法を重視しています。

適切な行動を褒めて増やす

ポーテージプログラムの生みの親は、シドニー・ビジューです。彼は、スキナーの行動分析学をごく初期に障害のある子どもに応用しました。ポーテージプログラムは、専門家だけではなく、親に対してもわかりやすく応用行動分析を普及させる役割を担っていると考えられます。

これまでも説明してきましたが、応用行動分析の特徴は、子どもの行動の原因を、障害・自尊心・自己肯定感といった「仮説構成概念」や、やる気の問題といった「精神論」で説明をせずに、行動は個人と環境の相互作用であると考える点です。

そして、行動にはきっかけとなる「先行刺激」がありますが、「行動」のあとに随伴される「後続刺激」をより重要視します。つまり、行動のあとにしっかりと褒めたり、ほほえんだりするなどのフィードバックを重要視しています。

また、自分の頭をたたいてしまう自傷行動などの「問題行動」の原因は、適切な行動の未学習か、不適切な行動の誤学習と考えます。「問題行動」を叱って減らすことを目標とするのではなく、適切な行動を褒めて増やしていくことを大切にしています。

課題分析を重要視

私たちが子どもや他人をなかなか褒められないのは、何を褒めたらいいのかが明確ではないからであり、褒めるためにも、褒めやすい行動目標を立てることが重要になります。

そのためにも、「**課題分析**」と呼ばれる、**行動目標をスモールステップ化する技法**を重要視しています。

課題分析とは？

子どもの発達には個人差があるので、目標どおりに発達するとは限らない

無誤学習の原理からも、不適切な行動を学習することなく、失敗経験をさせないように、子どもの発達に合った適切な行動目標を設定することが重要

行動目標を子どもが達成可能な目標に「スモールステップ化」していく必要があり、そのプロセスを「課題分析」と呼ぶ

たとえば、「前開きの上着を着る」という課題だった場合、いきなり上着を渡しても一人で着られることは少ないと思います。

その場合は、①まず服をもつ、②片方の袖に腕をとおす、③もう片方の袖に腕をとおすと、3つの行動に分けることができます。

この課題の場合、一人で上着を着ることができなくても、①ができれば、親は褒めたり、喜んであげたりすることができます。そして、②と③ができなければ、親が援助をして着せてあげてもよく、次の②が課題になります。

このように、スモールステップでできることを増やしていくことを目指します。

ポーテージプログラム⑥

プロンプト・フェイディングとは?

目標行動を起こりやすくするプロンプトは、積極的に行うことが大切になります。

「**プロンプト・フェイディング**」も応用行動分析の手法であり、ポーテージプログラムでは多用します。

「プロンプト」とは、行動が起きやすいように行うヒントのような「**促す**」刺激です。つまり、目標行動が起こりやすいように、その行動が起こる「直前のきっかけ」に付け加えられる刺激です。

「フェイディング」は、最終的にそのプロンプトがなくても目標行動が起こるようになるまで、少しずつ減らしていくことを指します。

プロンプトは積極的に行う

プロンプトには、「身体的プロンプト」「視覚的プロンプト」「言語的プロンプト」があります。前項の「前開きの上着を着る」という課題の場合、身体的プロンプトであれば、片方の袖を大人がもってあげると着やすくなり、視覚的プロンプトであれば、袖にマークをつけたり、色を変えたりすることで、どちらの袖に右手を入れるかを本人が気づきやすくなります。言語的プロンプトは、言葉でヒントをあげることです。

応用行動分析では、正しい行動を生起し、それをしっかりと褒めることで、その行動を強化することが大切ですので、ヒントであるプロンプトは、遠慮なく積極的に行うべきだと考えることが重要です。

しかし、プロンプト・フェィディングでは、**プロンプトを徐々に減らすことが大切**です。プロンプトがなくなったときに、子どもは自発的にその行動ができるようになったということになるからです。

「消去」と「分化強化」とは?

子どもに限らず人間の行動は、適切な行動もあれば不適切な行動もあ

シェイピングとチェイニング

シェイピング

強化(ほめる)の基準を徐々に最終の目標行動に近づけること

［まだ言葉を発せない子どもの目標行動］

①「あー」や「うー」などの声を出す行動を強化（ほめる）して発声を増やす
② 音声を出せるようになったら、「ママ」に近い音声だけを強化し、他の音声には反応しない（これを「分化強化」といいます）
③「ママ」とはっきりとまねをするようになったら強化していく

チェイニング

一連の行動を連鎖させることによって、
新しい行動を形成していく方法

［ハーフパンツをはく行動の学習］

① 親が両足を入れるのを手伝って膝の上まで導く
② 子ども自身が腰までハーフパンツをもち上げるようにする
③ 片足を手伝い、もう片方は自分で腰までもち上げるようにする
④ 両足とも自分ででき、一人でハーフパンツをはけるようになったら完成

ります。すべての行動に対してフィードバックするのは大変ですので、**適切な行動にはしっかりと褒め、不適切な行動に対しては、褒めたり叱ったりなどせずに無視する**ことにします。

無視する行為を「**消去**」と呼びます。そして、不適切な行動には反応せず、適切な行動に対して積極的に褒めることを「**分化強化**」と呼びます。たとえば、「廊下を走る」ことをやめさせたい場合、廊下を走っているときに叱るのではなく、廊下を歩いているときに積極的に褒めます。そうすることで「廊下を歩く」ことが自然に増え、その結果、廊下を走ることは減少すると考えられます。

「内言」の役割やその発達について

ヴィゴツキーによれば、言語には3つの機能があるといわれています。1つ目はコミュニケーション機能をもつ「外言」、2つ目は思考の中心で、頭のなかで話されている「内言」、そして3つ目は、独り言として観察され、思考の前段階だと考えられる「行動調整」です*。

ピアジェの考えと対照的に、ヴィゴツキーは、まずは外言が発達したあと、思考の前段階である独り言である行動調整がみられ、それがだんだん内化していくことで内言が発達すると考えました。

電車やバスでは、大人たちは満員電車でもおとなしく待つことができます。その際、頭のなかでいろいろなことを考えながら時間をつぶすことができますし、音楽を聞きながら、頭のなかで歌っていることもあるかもしれません。それに対して小さな子どもたちは、思ったことをすぐに口に出してしまうなど、頭のなかでいろいろと考えて時間をつぶすのは苦手だったりします。

人間は、内言が発達することによって、目に見えない抽象概念を頭のなかでイメージしたり、未来や過去をイメージして比較したりすることができるようになります。

発達障害があるといわれる子どもたちは、複数のことを同時にイメージするのが苦手だったりするので、未来や過去と比較することができなかったり、同じことを繰り返したり（こだわり）、衝動的な行動をしたりします。いろいろな想定ができれば不安は減りますし、未来に向けて我慢することも、違う手段を検討することもできるようになります。

ソーシャルスキルと内言や認知発達は大きく関係していると考えられます。SNSのような文字や写真を使ったコミュニケーションでは、内言の発達を促していきましょう。

＊出典：下山晴彦他編『誠信　心理学辞典［新版］』pp.236-237（7-5 学習への社会文化的アプローチ、小野田亮介著）、誠信書房、2014

第 2 部

ソーシャルスキルトレーニングの基本とコツを知ろう

第 4 章「ソーシャルスキルトレーニングで知っておきたい必須知識」では SST に必要なアセスメントや問題行動などの知識を取り上げ、第 5 章「ソーシャルスキルトレーニングの方法」では、各トレーニングの目的や行動目標、支援方法の工夫、留意点などについてまとめました。

ソーシャルスキルトレーニングで知っておきたい必須知識

ソーシャルスキルトレーニング(SST)とは?

ソーシャルスキルトレーニングは認知行動療法の一つとされ、主にグループで、ロールプレイ方式で行われます。

練習を通じてスキルを磨く

ソーシャルスキルトレーニングは、「SST」と略されます。前章でソーシャルスキルトレーニングとは、「適切なスキルをどのように獲得していけばよいのかを考慮した練習である」と述べました。「障害が原因で対人関係が困難である」と考えるのではなく、「適切なスキルを獲得していないから障害がある」とされているだけだからです。

そして、スキルとは学習性の能力のことを指すので、練習を通じてスキルを磨いていくことが重要になります。

発達に合わせた目標の設定

身長の発達を見ても個人差があり、その発達が遅い子どもを低身長症(旧：低身長障害)と呼びます。低身長だから何もしないわけではなく、さまざまなアプローチがあります。身長の発達に関しては20歳ぐらいで止まる傾向が強いですが、言語発達や認知発達、社会性の発達は20歳で止まるわけではありません。

本人の発達に合わせた目標を設定することで、合理的にスキルの獲得を目指していくことができます。

SSTは認知行動療法の一つ

もともとSSTは、精神科領域のリハビリテーションプログラムとして使用されていた「**認知行動療法**」の一つだといわれています。

認知行動療法とは、行動の背景にあると考えられる「認知機能」に着目しながら、学習理論を中心とする「行動療法」の技法を用いて、**不適切な行動を減少し、適切な行動を増やしていこうとするもの**です。認知

＋ ソーシャルスキルトレーニングの流れ ＋

ソーシャルスキルトレーニング（SST）は、下記の流れで行われるのが一般的です。

1 教示
課題を与えること

2 モデリング
他者が行うことを観察学習すること

3 リハーサル
実際に練習として行ってみること

4 フィードバック
リハーサルにおいての肯定的な称賛

5 般化
練習だけではなく、実際の場面において、違う人とも、違う場面においてでもそのスキルが活かせるようにすること

行動療法は、認知療法と行動療法が上手に組み合わさった療法になります。

主にグループで、**ロールプレイ方式**（実際の場面を想定しながら擬似的に行うこと）で行われています。

そして、現在では、統合失調症などの精神科領域だけではなく、自閉スペクトラム症、ADHD、LD、知的障害などの発達障害の方にも積極的に行われるようになってきました。

ソーシャルスキルトレーニングの流れ

解決不能な原因探しではなく、具体的なスキルの獲得を目標とします。

お友達に「こんにちは」と言うことが苦手な子を想定してみます。「内気で消極的だから」など、解決困難な原因探しをしても合理的ではないので、「お友達に『こんにちは』と言う」スキルの獲得を目標にします。

まずは、①**教示**です。口頭による指示は印象に残りづらいので、黒板などに本日の課題として、「お友達に『こんにちは』と言う」と視覚的に書いたり、絵カードを準備して、それを貼るなどしてみましょう。

②**モデリング**では、口頭の指示や視覚的な指示よりも、実際にほかの人たちがしている行動を見たほうがイメージに残りやすいので、仲間に実際にやってもらいましょう。

③**リハーサル**では、実際に自分自身でお友達に「こんにちは」と言う練習をしてもらいます。もし難しければ、プロンプト（身体的・視覚的・言語的ヒントなど）を積極的に使います。失敗経験や誤学習はなるべくさせたくないので、少しでも正反応が見られたらよしとします。

④**フィードバック**では、リハーサル中に即時に行う**即時性フィードバック**（60秒以内）と、ある程度言語発達が進めば、リハーサル後に振り返りとして行う**遅延性のフィードバック**があります。グループの場合は、ほかの人たちのよかったところを称賛し合うことが大事です。

強化子（目標となる行動を増やす機能がある刺激：周りが褒めたり、笑顔になったり、うなずいたりすること：好子ともいう）は、発達によっても変わりますが、シールを使ったり、黒板に書いた名前に丸をつけたりするトークン・エコノミー（代用貨幣）を使ったりします。

⑤**般化**の困難さは、練習でうまくいっても本番ではうまくいかないという誰にでもある問題です。SSTでは、話し合いをしながら、さまざまな場面で応用できるようにイメージを広げていくことが重要です。

ソーシャルスキルトレーニングの例
1
教示
お友達に
「こんにちは」
と言う
2
モデリング
こんにちは
3
リハーサル
こんにちは
4
フィードバック
お友達に
「こんにちは」
と言う
5
般化
こんにちは

アセスメントとは?

発達障害のある子どもたちに対するアセスメントには、「WISC-Ⅳ」や「K-ABCⅡ」、「DN-CAS」などの知能検査や認知検査が用いられます。

アセスメントは肯定的な価値を見つけるもの

個別の指導計画を作成するためにも、SSTを行うためにも、適切な行動目標を設定するためにも、子どもの発達をしっかりと把握することが大切になります。それを「**アセスメント**」と呼びます。

アセスメントはもともと経済学の用語だといわれており、土地や自動車の評価額など、ものの価値を計る行為だといえます。

もともと発達障害は障害と呼ばれ、知能検査や発達検査といった「検査」の対象でした。「検査」は悪いところを探すというイメージが強いかと思いますが、「アセスメント」は**より肯定的な価値を見つけるもの**と考えられます。子どもたちの発達で遅れているところだけを探すのではなく、**子どもたちの優れているところ(ストレングス)を探すことが重要**です。

本人の得意なことや好きなこと、興味・関心も調査

アセスメントは発達の遅れの評価だけではなく、本人の得意なことや好きなこと、興味・関心のあることも調査します。人間誰しも苦手なことをがんばるのはつらいですが、得意なことをがんばるのは楽しいものです。本来、勉強や練習は楽しいことですし、本人が理解できる課題であれば、集中して取り組むことが期待できます。

アセスメントで用いられる知能検査や認知検査

発達障害のある子どもたちに対するアセスメントには、「WISC-IV」や「K-ABC II」、「DN-CAS」などがよく用いられます。

これらは、知的発達や認知発達の程度を測る知能検査や認知検査です。

知能検査や認知検査の数値

知能検査や認知検査の数値は、
同年齢群の相対的な個人間差を見ている

Aくんは Bくんよりも発達が早い

アセスメントでは、「Aくんのなかで、何が苦手で、何が得意か」という個人内差を見ることも重要です

「50m走」などの数値と球技などの関係に近く、足が速いのは球技でも有利ですが、遅くても球技が下手なわけではありません。知能検査などの結果と国語などの学力との関係を考えていただければと思います。

年齢ではなく、発達に合わせた課題を出すためにアセスメントが重要です

出される数値は、あくまでも同じ月齢・年齢（4か月ごとに計算されます）における相対値になります。標準得点は平均が100、1標準偏差が15、評価点は平均が10、1標準偏差が3であり、偏差値の仲間となっています。

したがって、子どもの認知発達を領域ごとに比較することができ、どの領域の発達が早くて、どの領域の発達がゆっくりなのかを確認することができます。自閉スペクトラム症といわれる子どもの場合は、絵や工作が得意だったり、語彙が豊富だったりしますが、概念発達がゆっくりなため、学年相応のルール理解が苦手で、対人関係に困難を生じることが想定されます。

大切なことは、IQなどの相対値にこだわるのではなく、領域ごとの相当年齢を把握し、子どもがあともう少しで達成可能な課題や行動目標を設定することです。

学力や社会性の発達をアセスメントする

子どもを支援するためには、学力アセスメントや行動アセスメントが重要になります。

学力アセスメントの専門家は学校の教員

アセスメントは、知的発達や認知発達の分野だけでは不十分です。普段学校で行われているテストは学力を測っており、その「**学力アセスメント**」も、子どもの支援のためには重要になります。

そして、知能検査や認知発達検査の専門家は公認心理師などの心理学の専門家かもしれませんが、学力アセスメントの専門家は学校の教員です。「何年生の漢字までを習得しているか」「何年生の算数まで理解しているか」を一番把握しているのは担任の先生になります。

社会性の発達もアセスメントする必要がある

知的障害などの発達障害のアセスメントとして、**知的発達・認知発達の遅れとともに、社会性の発達もしっかりとアセスメントしていく必要があります**。

世界的に見ても、定番化できる標準化された社会性尺度はなかなかありません。社会性というものは、文化に大きく影響されていますし、時代によっても必要とされるものが変わるからです。

「行動アセスメント」という観点が重要

そこで、「**行動アセスメント**」という観点が重要になります。ポーテージプログラムの項目でもお話しましたが、人間の発達は「一つずつの行動やスキルの習得プロセス」ということができ、そこには社会性の発達も含まれます。

「読み」「書き」「計算」などの認知スキルも行動であり、行動アセスメントの対象です。ここでは、「社会的行動のアセスメント」を取り上げた

行動アセスメントが重要

支援のために重要なアセスメント

●学力アセスメント

普段学校で行われている国語や算数・数学のテストは、「学力アセスメント」となる。

●行動アセスメント

「行動アセスメント」によって、社会性の発達をアセスメントすることができる。

例

- ●集団のなかで、給食の配膳を手伝うことができるか？
- ●掃除の時間に積極的に掃除を行っているか？

ソーシャルスキルトレーニングでは、下記の行動アセスメントが大切

いまできている行動

問題になっている行動

目標としたい行動

など

いと思います。

たとえば、ご飯をみんなで食べるために、「一緒に準備をお手伝いすることができるのか？」「ほかの人の準備が終わるまで待つことができるのか？」「みんなと一緒に『いただきます』を言えるのか？」といった行動が見られるかどうかをアセスメントします。

そして、ソーシャルスキルトレーニングなどの指導場面において、課題を設定することがアセスメントの大きな役割となります。

「問題行動」について

問題行動は、不適切な行動を「誤学習」したか、適切な行動をまだ学んでいない「未学習」の状態であると考えることが大切です。

誰にでも問題行動はある

すべての人々に、問題となる行動（**問題行動**）はあります。たとえば、「おかしを食べすぎてしまう」「部屋の掃除をサボる」「ゴミを捨てるのを忘れてしまう」といったことは、程度の差こそあれど、誰にでも生じ得る問題行動です。

また、「不注意な間違いをしてしまう」「課題中に注意を持続することが難しく気が散ってしまう」「お財布をよくなくす」「時間の管理が苦手」「優先度の選択が難しい」「手遊びが多い」「他人の会話を邪魔してしまう」などが目立つと、近年では「ADHD（注意欠如多動症）ではないか」とされてしまいます。

そして、「目を合わせてコミュニケーションをしない」「細かいところを気にしてしまって融通がなかなか効かない」「友人関係を上手につくれない」なども、近年では、「自閉スペクトラム症ではないか」とされ、問題行動とされるようになっているかもしれません。

強度行動障害とは？

これらのような比較的軽い「問題行動」に対して、「自分の頭を自分でたたいてしまう、自分の体を自分で傷つけてしまう」などの**自傷行動**や、「他人をたたいてしまう、噛みついてしまう」などの**他傷行動**、「激しいかんしゃくを起こしたり、叫び声をあげる」などの問題行動は、「**強度行動障害**」（表を参照）と呼ばれることがあります。

問題行動への具体的な対策を考える

これらは、他人に対して問題を起こしているから「問題行動」と呼ば

強度行動障害とは？

強度行動障害の特徴

- 重度・最重度の知的障害があったり、
- 自閉症の特徴が強いコミュニケーションが苦手な人であるとされる

定義	自分の体をたたいたり食べられないものを口に入れる、危険につながる飛び出しなど本人の健康を損ねる行動、他人をたたいたりものを壊す、大泣きが何時間も続くなど周囲の人のくらしに影響を及ぼす行動が、著しく高い頻度で起こるため、特別に配慮された支援が必要になっている状態のこと

※国立障害者リハビリテーションセンター
http://www.rehab.go.jp/ddis/ 発達障害に関する資料 / 研修資料 / 強度行動障害支援者研修資料 /

周囲を「困らせる」行動ではなく、本人が「困っている」ことのサインだとされる強度行動障害は、中学・高校の時期に強く見られることが多いです。卒業後に比較的落ち着くケースもあり、生まれたときから強度行動障害というわけではないとされます。

重度の知的障害や自閉症が原因ではなく、適切なコミュニケーションスキルが未学習であったり、不適切なコミュニケーションスキルの誤学習の結果と考えられる

れるかもしれませんが、これらの行動で一番困っているのは、本人自身であると考えることも重要だと思います。

そして行動は、個人と環境の相互作用の結果として表れるものであり、問題行動は、不適切な行動を「誤学習」してしまったか、適切な行動をまだ学習していない「未学習」の状態であると考えることが重要になります。

障害が原因だったり、意思が弱いからなどの精神論で原因を探ってしまうと、次なる具体的で合理的な対策を考えることが困難になってしまうからです。

「問題行動」に代わる適切な行動・スキルを増やす

「問題行動」ではない適切な行動を学習すれば、行動を変容することができて習慣化できます。

3-3「無誤学習」でも説明しましたが、「問題行動」と呼ばれるものは、周りの人が強化していることが多いです。大声を出せば要求しているものが手に入ったり（**要求機能**）、教室から出て行けば嫌な授業から抜け出せたり（**逃避機能**）、髪を金髪に染めてきたり（**注目機能**）などです。

行動は個人と環境の相互作用ですので、子どもが「個人」なら大人は「環境」となり、大人が「個人」なら子どもは「環境」になります。

私たちは子どもが大声を出す興奮状態になれば、なだめるために「わかった、それを買ってあげるね」と要求に応じたり、教室から抜け出したらその課題を取り下げたりします。髪を金髪に染めて登校したならば、叱ったりすることで、その子はお友達から「あいつはすごい、かっこいいー」などと注目を得ます。

「問題行動」に対してそのような行動をとることで、子どもたちは大人の行動が収まると誤学習してしまいます。それは、その子どもへの合理的で持続可能な支援という観点からは、むしろ私たちの「問題行動」ととらえることができるかもしれません。

問題行動に代わる適切な行動・スキルを増やす

「問題行動」を減らすことだけを考え、原因を分析したところで、結論は「嫌いな食べ物を食べさせない」「嫌いな活動はさせない」などになります。行動のきっかけとなる先行事象や、その状況要因（空腹や眠気などの「生理的状況」、気温・湿度・気圧などの「物理的状況」、保護者の存在などの「社会的状況」など）の分析だけになっているかもしれません。

大切なのは、**「問題行動」を減らすよりもそれに代わる適切な行動・スキルを増やすこと**です。それが本来の教育の原点のはずです。

行動を学習すると習慣化できる

行動の多くは自分の意思ではない

行動の多くは、きっかけとなるできごと（刺激）によって誘発されたり、過去の学習で強化された結果によって引き起こされると考えられます。席を立ち歩くのも、自分の意思ではなく、誤学習の結果であると考えられます。

例：熱い鍋を触ったとき

熱いと感じたから
手を引く

手を引いてから熱いと感じ、
「熱い」という言葉で表現する

●「行動を変えられる」のがトレーニングの特徴

①他人による強化や、②自分の内言による随伴的なコントロールによって適切な行動を学習できれば、障害や意思の弱さを行動の原因にすることなく、行動を変えられるのがトレーニングの最大の特徴です。

●行動を学習すると自動化される

キーボードの操作は、最初は目視して打つので時間がかかりますが、学習の結果、ブラインドタッチができるようになります。同様に、朝にあいさつをするのもご飯を食べたあとに片づけるのも、習慣化されれば意思や性格の問題ではなく、スムーズに行えます。

機能分析①

機能分析とは?

行動のあとの結果の「機能」を分析し、より社会的妥当性のある「適切な行動」を褒めて増やそうとする方法です。

「適切な行動」を増やすことを目的とする

「問題行動」を減らすことを目的とするよりも、「適切な行動」を増やすことを目的とすることによって、相対的に「問題行動」を減少させることができます。

前述のように、たとえば、廊下を常に走っている子どもに対して、廊下を走っているのを叱ることで走ることを止めさせようとしがちです。しかし、「廊下を走ること」を止めさせるのではなく、その代わりとなる「廊下を歩くこと」を褒めることで、「廊下を歩く」行動が増えれば、相対的に「廊下を走る」行動は減少します。

なぜなら人は、「廊下を走る」ことと「廊下を歩く」ことを同時にできないからです。「お酒を飲む」量を減らすのではなく、「炭酸水を飲む」量を増やせば、自然にお酒の量は減るはずです。「お菓子を食べる」量を減らすのではなく、「食事をとる」量をしっかりと増やせば、お菓子の量は減るはずなのです。

＊お酒の量を自分で調整できなくなる場合は、アルコール依存症として医療的ケアが必要になることもあります

機能分析の考え方

このような考え方を「**機能分析**」と呼びます。つまり、行動の前の原因を分析するのではなく、**行動のあとの結果の「機能」（その行動をすることで、得られている刺激のこと）を分析**します。

「問題行動」を叱って止めさせるのではなく、「問題行動」とされる行動と同じ機能をもつ、より社会的妥当性のある「適切な行動」を褒めて増やそうとする方法をとることができ、ポジティブな対応ができるよう

機能分析はポジティブな行動の支援

機能分析の考え方

「問題行動」などの行動の機能を分析することで、「問題行動」と同機能をもつ、より社会的に妥当な行動を増やし、相対的に「問題行動」等の不適切な行動を減らそうとしていく考え方。
罰を与えたり、叱ったりすることなどのネガティブなアプローチではなく、ポジティブな行動の支援（Positive Behavioral Support : PBS）となります。

になります。

「廊下を走る」ことは、次の場所に移動する「機能」があるので、その「移動する」機能をもつ代替行動を探します。それには、「歩く」以外にも、「自転車に乗る」「三輪車に乗る」などが同機能かもしれません。しかし、廊下で自転車や三輪車に乗るのはもっと「問題行動」ですので、「歩く」を選択します。

ただ、「走る」ほうが短時間で移動できるので、行動内在型の強化機能（他者から褒められなくてもその行動自体に強化機能があること）は強いかもしれません。だからこそ、「廊下を歩く」ときに私たちが積極的に褒めることが重要になります。

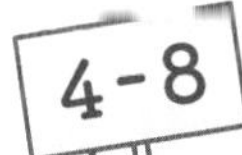

機能分析②

問題行動の機能とは?

「問題行動」とされてしまう行為には、さまざまな機能があると考えられます。

問題行動の機能は４つある

「問題行動」には、①要求機能、②逃避機能、③注目機能、④自己刺激機能の4つの機能があると考えられます。

本項では、①～③の機能について取り上げ、④の機能については次項で説明します。

①要求機能

私たちは、何かがほしかったり、何かをしてほしかったりするときに、どんどん大きな声で要求をしてしまったり、どんどん危ないことをしてしまったりすることがあります。

たとえば、テレビを弟と一緒に見ていて、チャンネルを自分の見たいものに変えたいときに変えてもらえないと、「早く変えろよ！」と暴言を吐くことによって、チャンネルを変えてもらうことができます。

こうした行動には、「要求機能」があると考えられます。

②逃避機能

私たちは、やりたくない仕事や勉強があると、離席をしたり、その部屋から出ていこうとしたりします。

また、「部屋を掃除しなさい」とか、「お風呂に入りなさい」などと言われときに、自分がすぐにやりたくない場合には、「うるさいなー、いまやろうと思ったのにやる気がなくなった！」などと怒鳴ってしまうことがあります。

こうした行動は、「逃避機能」をもった言語行動だと考えられます。

「問題行動」の4つの機能

① 要求機能

その行動をすることによって、自分の要求が叶う機能のこと

② 逃避機能

その行動をすることによって、その状況から逃げ出すことができる機能のこと

③ 注目機能

その行動をすることによって、注目を得たり、関心をもたれたりすることができる機能のこと

④ 自己刺激機能

上記の3つの機能がなく、自分自身に対する刺激の機能のこと

③注目機能

私たちは社会で生きているため、人からの注目を浴びることは、異性や同性にかかわらず、大きな強化機能をもちます。

第2章のコミュニケーションや認知発達の項目でも述べたように、「共同注意」には、コミュニケーションを発達させるうえでとても重要な役割があります。指差しをしたときに、それに応えてくれる人がいることが大切になります。

そして、「第二次性徴期」以降である中高生になると、他人に対しての関心は高まりますし、他人からの注目も得たくなります。

これは、対人関係が苦手だといわれている自閉スペクトラム症の子どもたちも同様で、言語や認知が発達していくと、他人にも認められたいという気持ちが強くなりますし、人から褒められるのに対してしっかりと喜ぶようになっていきます。

「注目機能」をもった問題行動としては、他人に対してケンカをふっかけてしまったり、他人に対してマウンティング行為をしてしまったりすることが考えられます。

機能分析③
問題行動の自己刺激機能とは?

「問題行動」で要求機能や逃避機能などがないと想定される場合、自分自身に刺激を与えて「感覚遊び」になっていることがあります。

自傷行動は、介入による効果が期待できる

問題行動の4つ目の機能と考えられる「④自己刺激機能」について説明します。自分の体をたたいたり、引っかいたりするなどの「自傷行動」のうち、周りに他人がいなく、①要求機能や②逃避機能、③注目機能がないと想定される場合、自分自身に刺激を与えて「感覚遊び」になっていることがあります。

重度の知的障害がある場合は、遊びの発達が遅れることがあります。遊びの発達段階（表を参照）がミニカーやお人形などの「象徴遊び」などに達していない場合は、視覚や聴覚、触覚などの感覚を刺激することで遊んだり、時間をつぶしていることがあります。

最初はやさしく触れているだけかもしれませんが、感覚が順化してより強い刺激でないと感じなくなっていけば、より強くたたくようになります。また、身体発達にともなって体が大きくなると、たたく力も強くなるため、大きなケガにつながることが考えられます。

いずれにしてもこのような自傷行動は、学習の結果や身体の発達、感覚の発達の観点から見ても、継次的に変化することが想定されます。したがって、介入しなければより問題が大きくなることも考えられますが、同時に、介入をすることによる効果が期待できると考えられます。

自己刺激機能をもった「問題行動」は誰にでもある

自己刺激機能をもった「問題行動」は、重度の知的発達障害だけではなく、私たちにも数多くあります。

お酒を飲みすぎてしまうのは、①要求機能や③注目機能よりも、嫌なことからの②逃避機能があるとも考えられますが、やはり自己刺激機能

遊びの発達

感覚遊び

遊びの発達は、まずは視覚や聴覚、触覚などを刺激する「感覚遊び」になります。赤ちゃんのおもちゃは、振ると音が鳴るガラガラや、メリーゴーランドのようにぐるぐる回っているものがあります。

▼

象徴遊び

次に「象徴遊び」といわれる、ミニカーやお人形のように、本物ではなくそれらを小さくしたミニチュアを使い、本物をイメージしながら遊びます。

▼

集団遊び

その後、友達と一緒に遊ぶ「集団遊び」ができるようになると、鬼ごっこやかくれんぼなど、さまざまなコミュニケーションを用いた遊びになります。

▼

ルール遊び

そして、言葉が発達してくれば、複雑なルールを用いた「ルール遊び」が可能になり、サッカーや野球といったスポーツも楽しめるようになります。

言葉や認知が発達することで、遊びが変わっていくことが考えられます。遊びをとおして言葉や認知を発達させるとも考えることができますので、遊びの支援はとても重要になります

が大きいと考えられます。

また、蚊に刺されたときにかいてしまう行動も、かいたら出血してばい菌が入り、余計に悪化すると頭ではわかっていても、かきむしってしまうことがあるかと思います。

これも自己刺激機能をもった「問題行動」と考えることができ、自傷行動は、障害のあるなしにかかわらず、誰にでもあるということが理解できるかと思います。

機能分析④
機能分析の実際の流れ

機能分析では、ABC 分析の流れ（「A. 先行刺激」→「B. 行動」→「C. 後続刺激」）で分析します。

「問題行動」の機能を見つけられたら、それと同機能をもつ、より社会的妥当性がある適切な行動を獲得できるように、その行動を「**行動目標**」とした「**個別の指導計画**」を作成することが重要になります。

応用行動分析では、「○○しない」ことは「行動」ではないと考えられます。ある程度の認知発達をしないと、「○○しない」ことを想像するのが難しいので、**「○○する」という行動目標の設定が重要**です。

実際の機能分析では、ABC分析の流れ（「A.先行刺激」→「B.行動」→「C.後続刺激」）で分析します。ここで後続刺激となるのが4つの機能です。よくある誤解として、「問題行動」を「離席する」とした場合、「A.授業でわからない課題を与えられる」→「B.離席する」→「C.叱られる」と考える方がいます。

「叱られる」ことで離席する行動は減るはずです。しかし、離席が減らないために「離席する」という機能分析をしているわけですから、もし後続刺激が「叱られる」で離席行動が維持されている場合、「叱られる」ことは本人にとってポジティブな効果があると分析されてしまいます（実際にそのようなケースはよくあり、叱ることが注目機能を果たすため、余計に離席を増やすことがあります）。

したがって、ここでは「叱られる」ではなく、逃避機能である「課題から逃避できる」であったりします。

「離席する」行動を変えたいのであれば、逃避機能の「離席する」と同機能をもつ代替行動として、「問題をやさしくしてください」という言語行動を学習できればよいわけです。

したがって、「A.授業でわからない課題を与えられる」→「B.『問題をやさしくしてください』と言う」→「C.やさしい問題に変えてもらえる

ABC分析の例

Antecedent 先行刺激 → **Behavior** 行動 → **Consequence** 後続刺激

●離席を減らしたい

離席を減らしたいのであれば、

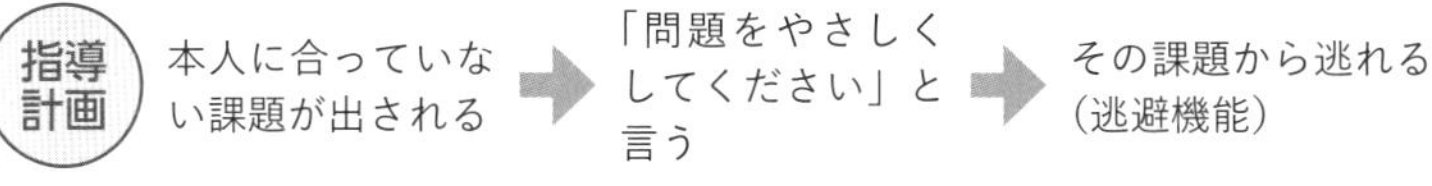

「問題をやさしくしてください」と言えるようになれば、
離席をしなくても嫌な課題をしなくてすみます

●友達をたたくことを減らしたい

友達をたたくことを減らしたいのであれば、

「貸して」と言えれば、
たたかなくても貸してもらえるようになります

（難しい課題から逃避できる）」という流れになります。

このように、問題行動を叱って減らす方法ではなく、本人が希望する機能を同じようにもつ社会的に妥当な行動・スキルの学習を支援していけば、ポジティブな支援体制をつくることができます。

個別の指導計画①

個別の指導計画の義務化の流れ

学習指導要領の改訂によって、個別の指導計画作成の義務化の範囲が変化していきました。

個別の指導計画の見直しについて

「個別の指導計画」は、「特別支援学校学習指導要領総則編（2019)」によれば、「障害のある児童生徒一人ひとりの指導目標・指導内容および指導方法を明確にして、きめ細やかに指導するために作成するもの」とされています。その作成のためには、児童生徒の実態を把握すること（アセスメント）が重要です。

PDCAサイクルの重要性も明記され、「今回の改訂では、『個別の指導計画に基づいて行われた学習状況や結果を適切に評価し、指導の改善に努めること』を『個別の指導計画に基づいて行われた学習状況や結果を適切に評価し、指導目標や指導内容、指導方法の改善に努め、より効果的な指導ができるようにすること』と改善した」と書かれています。

個別の指導計画の見直しは、指導結果の評価のためではなく、指導内容を子どもたちの発達の状況により合わせるために行われるものだと考えられます。

※文部科学省「特別支援学校学習指導要領総則編（2019)」p.240、p.272
https://www.mext.go.jp/component/a_menu/education/micro_detail/__icsFiles/afieldfile/2019/02/04/1399950_3.pdf

学習指導要領の改訂にともなう個別の指導計画の義務化

個別の指導計画は、まず、平成11年の学習指導要領の改訂で、特別支援学校の自立活動においてその作成が義務化されました。

「自立活動」とは、その改定で「養護・訓練」という名称から変更されたものです。特別支援学校において、特別に設けられた領域で、「個々の児童または生徒が自立を目指し、障害による学習上または生活上の困難を主体的に改善・克服するために必要な知識、技能、態度および習慣を

個別の指導計画は段階的に義務化

従来の指導計画は「学級単位」が中心

日本では年齢別で学級が編成され、入学を遅らせること（就学猶予）や、原級留置（進級せずにその学年に留まること）などはほとんど行われない

発達には個人差があるため、
学級内の目標に合うことも合わない子もいる

発達に遅れがある場合は、常に難しいことをやらされるために集中することが難しかったり、不安になったり、無気力になったりする結果、不登校になるリスクも高まる

特に、障害がある子どもの教育で質を担保するためにも、個別の指導計画が段階を追って義務化されてきています

養い、もって心身の調和的発達の基盤を培う」ためとされています。

そして平成21年の学習指導要領の改定では、特別支援学校では、自立活動だけではなく、他の教科においても個別の指導計画の作成が義務化されました。

平成29年の改定では、特別支援学級や通級による指導を受ける児童・生徒に対して、個別の指導計画の作成が義務化されました。

次回の改定では、通常学級に在籍する障害がある児童・生徒に対しても、個別の指導計画が義務化されるのではないでしょうか。

個別の指導計画②
個別の指導計画の目標設定

本人が主語で達成可能であり、具体的な内容の「長期目標」「短期目標」を設定することが大切です。

「長期目標」と「短期目標」の設定が重要

個別の指導計画の様式に、決まったものはありません。各自治体のホームページでは、さまざまな例が公開されているので、お住まいの地域に合わせて参考にしてください。本書では、応用行動分析の視点から一つの例を提示したいと思います。

個別の指導計画で何よりも重要なのは、「**長期目標**」「**短期目標**」といった目標の設定になります。

繰り返しになりますが、**目標は「本人」が主語で達成可能であり、具体的な行動目標を立てること**が必要です。目標が不明確だと子どもが何をすればよいのかわからないですし、教師や大人も何を褒めればよいのか不明確になってしまうからです。

「具体的」とは、**具体的に絵に描けたり、写真に撮れたり、動画に撮れたりすること**です。前述のように、「廊下を走らない」ではなく「廊下を歩く」などです。

目標は、**子どもが「いつ」「どこで」「どのように」「何をするのか」がはっきりしていること**が望まれます。私たちは、抽象的な目標を立てがちです。「自尊心を高める」「自己肯定感を高める」「しっかりと授業に参加する」などです。しかし、これらは評価基準があいまいなため、個別の指導計画のPDCAサイクルが困難になります。

ポーテージプログラムでは、短期目標は「1週間で達成可能な目標」であり、長期目標は「2～3か月」を見ています。

しかし、学校現場の場合、短期目標は「学期間」、長期目標は「年間」で考えられていることが多いようです。期間が長くなると、目標もあいまいになりがちですので、短期目標を課題分析して、もっと簡単に達成

個別の指導計画の目標

個別の指導計画で望まれる目標

子どもが、いつ、どこで、どのように、
何をするかがはっきりしていること

●社会性を身につける

・年長の子どもに指導されて、ルールのある集団遊び(フルーツバスケット、イス取りゲームなど)をする
・ゲームや遊びで4～5人の順番を待つ　など

●数概念を獲得する

・5個以上の、大きさや長さの違うものを順に並べる
・「1番目」「2番目」「3番目」という言葉を使う　など

●情緒を伸ばす

・「楽しい」「さびしい」「くやしい」など、自分の感情を言葉で話す
・泣いているお友達のそばに行って話しかける　など

できる**標的行動（ターゲット行動）**を設定できるとよいかもしれません。行動目標を達成したら、次の目標を設定し、できたことを積み重ねていくことが大切ですし、それが個別の指導計画のメリットであるともいえます。

障害の有無にかかわらず、人は誰しも、公平・公正な質が担保された教育を受ける権利があります。しかし、障害がある子どもは、障害を理由に適切な教育が受けられず、同年齢の子どもと同じ課題や目標のために、本人に合ったスキルを学習する機会が得られず、常に難しいことをさせられた結果、課題からの逃避機能などをもった「問題行動」を誤学習させられているのが実情です。

障害の有無にかかわらず、一人ひとりのニーズに合わせた教育を目指すのが、特別なニーズ教育である「インクルーシブ教育」なのです。

個別の指導計画③
目標設定のためのアセスメント

アセスメントでは、本人にとっての強化子（ご褒美）を考えることも重要になります。

目標設定のためには、まず、子どものアセスメント（実態把握）を行います。アセスメントは、知能検査や認知検査の結果だけではなく、生年月日、年齢、学力アセスメントの結果（教科の成績だけではなく、読み・書き・計算・聞く・話す・推論などのアカデミックスキルの普段の様子）、社会性アセスメント（友人関係・クラブ活動・委員会活動の様子）、本人の趣味・興味・好きなこと・将来の夢、保護者の願い、問題行動などの本人が困っていることなどが考えられます。

大切なのは、本人の苦手なことだけではなく、ストレングス（得意なこと）がしっかり記述されていると、担任外の先生や巡回相談、専門家チームなどのメンバーにも子どもの様子の共通理解がしやすく、短期目標・長期目標達成のための支援方法を具体的に検討できることです。

また、**本人にとっての強化子（ご褒美）を考えることも重要**です。シールやスタンプなどは「トークンエコノミー」と呼ばれており、代用貨幣として、「何個貯めたら、トランプ遊びができる」といったルール理解のために役立ちます。ただ、これも発達によって効果が変わります。幼稚園では、スタンプほしさに皆勤賞を目指してくれますが、中学生では、スタンプやシールを貼るだけではなかなか皆勤賞にはなりません。

私たち大人も、給料のためだけに働いているわけではないですが、給料がなければ継続して仕事をすることは困難ですし、「児童生徒が笑顔になった」「同僚から仕事のやり方を認められた」などのご褒美が大切になります。成績が優秀な子どもたちは、テストで100点を取ること自体が本人にとってのご褒美になりますが、そうではない子どもたちは、テストも勉強も嫌なことでしかありません。だからこそ、強化子（ご褒美）をアセスメントすることが重要です。

＋ 個別の指導計画シートの例とポイント ＋

令和　年　月　日作成　作成者：

年　組	現在、困っていること（本人を中心に、学習面、生活面、社会性面など）
氏名 [　　　　　　　]	POINT 目標設定の根拠になる困難さを書きます。背景は単純ではないので。さまざまな観点から書くことも重要です。
生年月日：　年　月　日	
長期目標（期間：　月　日～　月　日）	POINT 本人が主語で達成可能であり、具体的な行動目標を立てることが重要です。大人が褒めやすい目標が大切です。
短期目標	POINT 長期目標が達成できるために、課題分析を行い、その一つのステップを短期目標とします。短期目標が難しかったらすぐに簡単な目標にすることが重要ですし、達成できたら、次のステップを新しい短期目標にしましょう。
アセスメント ▪心理検査の結果 ▪学力面（聞く・話す・読む・書く・計算する・推論する等） ▪運動面（微細運動・粗大運動・球技） ▪情緒面・社会性面 ▪好きなこと・得意なことなど	POINT 困難さだけではなく、本人のいいところも積極的に記載されると、支援のヒントが見つかります。
これまでの指導の経緯	
目標を達成するための具体的な手立て・強化子（ご褒美等）	
保護者の願い・本人の願い	
担任・学級（クラスメイト）学校・教職員の役割（目標を達成するための役割）	
家庭の役割	
対応の留意点・支援の方法	
記録・評価	POINT 記録や結果は、目標行動が見られたときに、月日と共に記録しておくとよいです。短期目標が達成できたならば、新しい短期目標を作成していきましょう。

個別の指導計画④
行動目標を達成するための方法

具体的な支援方法や、行動目標に対する結果とその評価などを表にまとめることが大切です。

アセスメントをして短期目標・長期目標などの「行動目標」が設定できたら、**その目標を達成するための方法が重要**になります。指導場面、指導時間、指導者や支援者の役割、教材・教具について、具体的な支援方法、家庭での支援方法、対応への留意点、そして、行動目標に対する結果とその評価などを表にまとめることが重要です。

個別の指導計画は、アメリカ合衆国で用いられたIEP（Individualized Education Program）が基になっています。導入当初は「個別指導計画」と訳されましたが、「個別指導の計画」と誤解されたこともあり、現在は「個別の指導計画」と訳されています。

もちろん、発達に合わせた教育を行うために、個別指導も有効な場合がありますが、本来の「個別の指導計画」の意義は、教育が年齢や障害で決められるのではなく、一人ひとりに合わせた質が担保された教育を保障することです。したがって、クラス内など集団場面による学習を担保するためにも、「個別の指導計画」は重要になります。

ここで、「支援」と「援助」の違いについて述べます。

「支援」は、行動目標を達成するためにとても重要な働きをもちます。特別支援教育で重要視している「支援」は、**子どもが主体であり、周りの大人はあくまでも支援者**ということです。「主体的・対話的な深い学び」でもいわれるように、現在の我が国の教育は、子どもの主体性を重要視しています。

「援助」は、**援助をする側が主体**です。たとえば、サッカーにおける「援助」はアシストと訳すことができ、選手同士がすることになります。一方、「支援」はサポーターがすることです。サポーターは直接的にはゲームに関わりませんが、サポーターの応援が強い力になります。

個別の指導計画シートの記入例

令和　　年　　月　　日 作成　　作成者：

3年○組	現在、困っていること （本人を中心に、学習面、生活面、社会性面など）
氏名 ［ ○○ ○○○ ］	授業中に立ち歩いたりすることはないが、特に国語や算数の時間において、授業に積極的に参加している様子は少ない。 休み時間はお友達と交流することが少なく、運動が苦手のようで、サッカーなどでいっしょの場面にいるけれども積極的に参加している様子ではない。
生年月日：2013 年3月10日	
長期目標 （期間：4月 5日 ～ 3月21日）	集団遊びにおいて、人に誘われるのではなく、自分から他人を誘う。
短期目標	休み時間にサッカーをするときに、自分からボールを取りにいく。
アセスメント ▪心理検査の結果 ▪学力面 （聞く・話す・読む・書く・計算する・推論する等） ▪運動面 （微細運動・粗大運動・球技） ▪情緒面・社会性面 ▪好きなこと・得意なことなど	心理検査は特にしていない。 聞く・話す；積極的に自分から話すのは不得意。指示をすぐに理解するほうではないがおとなしく聞いている。 読む・書く；音読は得意ではない。2学年前半の漢字は書けている。 計算する；九九は完全に定着していないが、覚えようと努力していたところが見られた。 推論する；遊びのルールの理解はこれからの課題である。 運動面；得意なほうではないが、参加しようとしている面が評価できる。 情緒面・社会性面；友達とケンカをするタイプではないが、受け身の部分が見られる。 好きなこと；TVゲームが好きで、ゲームに関して聞かれるとうれしそうに答えている。
これまでの指導の経緯	友人関係において消極的なところが見られ、班活動においても積極的に行うほうではないので、集団場面では積極的な声がけを行ったり、活動を具体的にイメージできるように、写真や絵カード、板書などを行った。
目標を達成するための具体的な手立て・強化子（ご褒美等）	3年生になり、集団での活動が重要な時期である。体も小さいほうで自ら集団に対して働きかけをする場面が少ないので、長い休み時間が始まったら声をかける。 強化子は、自分からみんなのボールを取りに行ったら、口頭でしっかりと褒める。
保護者の願い・本人の願い	保護者；早生まれもあって発達が遅いほうという認識があり、集団内で遊んでもらえればいいと感じていたが、もっと積極的に友人関係をつくってほしいと考えている。 本人；もっと友達と遊べるようになりたい。
担任・学級（クラスメイト） 学校・教職員の役割 （目標を達成するための役割）	集団場面において全体の動きに目に行きがちだが、集団場面でこそ積極的に関われていない子どもたちにも担任として見ていきたい。 クラスメイトに対しても、他の友だちへの関わりに注意を向けてほしい。休み時間になりグラウンドでの活動になるので、他の教職員にも目標を共有して協力を依頼する。
家庭の役割	帰宅後、積極的に友人関係をつくることも勧めてほしい。また、異年齢の友人関係を育てることにも協力してほしい。
対応の留意点・支援の方法	友人関係は相手との相互作用になる。どちらか一方に負担になるのではなく、お互いが支え合って楽しみを共有できるようにしていきたい。消極的な児童であるので、最初のきっかけをプロンプトし、この児童から友人に声がけしやすいよう見守るとともに、積極的なフィードバックを行う。
記録・評価	

個別の指導計画⑤

ツールの活用と子どものモデル

タブレットなどのICT機器を用いて課題を設定します。また、子どものモデルは、その子よりも少し上の発達の子どもなどが適しています。

メガネは最強の支援ツール

最強の支援ツールといえば、「メガネ」ではないでしょうか。もしこの世の中にメガネがなく、近視や遠視で視力が0.3未満の場合、教育では「視覚障害」とされ、特別支援教育の対象となります。

しかし、近視や遠視の場合、メガネを使うことで矯正視力が1.0や1,5になるので、通常学級で他の支援もなく学習できます。

とはいえ、メガネが算数や国語の問題を解いてくれるわけではありません。主体的に学ばなければならないのは子ども自身だからこそ、メガネは最強の支援ツールになります。

ICT機器を積極的に用いる

現在は、読み書き障害や計算障害の場合に、タブレットや電卓、PCの積極的利用が指摘されています。

それらのICT機器は積極的に用いていくべきと考えられますが、ただそれらを渡して、与える課題を容易にするだけであれば、合理的な配慮とはいえません。

ICT機器を合理的な配慮とするためには、障害のあるなしにかかわらず、一人ひとりの子どもが、**ICT機器を用いながら主体的にスキルを獲得できるような課題を設定すること**が何よりも重要です。そのためにも、個別の指導計画には重要な役割があると考えられます。

子どもは自分よりも少し上の発達の子どもをモデルにする

「支援」をする人は、教員や支援員とは限りません。ロシア心理学の「最近接発達の領域」という考え方では、**子どもは自分の発達よりも少し**

支援と援助の違い

●援助

「援助する側」が主体になり、最終的に援助によって事が完結してしまうことがある。

●支援

「支援を受ける側」が主体になり、どれだけ支援をしても、最後は支援を受ける本人が主体となって行うことが重要だと考えられる。

インクルージョンにおいては、障害のあるなしにかかわらず、性別にも人種にも経済状況の差にも関係なく、お互いが支え合い、支援し合う社会が期待されています

合理的配慮（著者による意訳）

合理的配慮とは、不均衡や過度の負担を課さない、必要かつ適切な変更や調整を意味します。つまり、感情論ではなく、科学に基づき理にかなった調整のことであり、いまあるリソースのなかで、最善の調整を行うことを意味します。予算がないから合理的配慮ができないというのは障害を理由とする差別に当たります。予算内でできるエビデンスに基づいた、持続可能な調整が必要になります。

出典：https://www.mofa.go.jp/mofaj/fp/hr_ha/page22_000900.html

上の発達の子どもをモデルにすることが述べられています。

私たちはつい野球選手やJリーガーなどをモデルにしようとします。しかし、それをまねすることはとても難しく、むしろ子ども同士をモデルにしたほうがまねしやすかったりするのです。

料理の場合でも、プロよりも親のまねのほうがしやすいと思います。同じように、算数も先生から習うより先に理解した子どもから教わったほうがわかりやすかったりします。

「主体的・対話的な深い学び」の「対話的」に関しても、子ども同士の対話による学びの合理性が指摘されていると考えられます。したがって、子ども同士の支援に関しても、個別の指導計画に記載されることが望まれます。

個別の指導計画⑥

記録と評価について

子どもの発達を正しくアセスメントするためにも、客観的に発達を評価し、積み重ねていくことが大切です。

立てた目標が、子どもの発達に合っているかを評価する

個別の指導計画では、短期目標・長期目標といった目標を立てっぱなしではなく、**しっかりとその目標に対する結果とその評価を書くことが重要**になります。

この評価とは、教員の指導力に対する評価ではなく、**立てた目標が子どもの発達にしっかりと合っていたかどうかを評価するもの**です。

もし、目標を達成していなかった場合、それは「無誤学習（エラーレストレーニング）」の観点からも子どもが誤学習してしまう機会になるので、早急に目標を下げる必要があります。そして、目標を容易に達成している場合、次なる目標を作成することが大切になります。そのためにも、やはり評価可能な目標を立てることが重要です。

客観的に発達を評価し、積み重ねる

個別の指導計画は「指導の計画」という名称ですので、未来への計画のように考えられます。しかし、個別の指導計画を積み重ねていけば、それは**綿密な子どもの発達の記録**になります。

人間の認知機能は、主に過去の記憶に影響されますが、正しく人間の成長を覚えておくことは難しかったりします。

たとえば、年に1回、お正月に親戚の子どもと会ったりすると、急に大きくなったように感じるのに対して、自分の子どもや児童生徒に関しては、なかなか成長していることに気づきません。しかし、自分の子どもや児童生徒が、親戚の子どもと比較して成長していないことはあり得ないので、これは自分の認知の問題だと考えられます。

つまり、親戚の子どもの場合は、1年前の記憶といまの様子を比較す

目標に対する結果を記録する

毎日の記録は大変ですが、何を記録していけばよいのかがあいまいな場合はさらに難しくなります。個別の指導計画では達成可能な短期目標・長期目標を作成するので、それに対する結果を記録していけばよいと考えられます。

記録する際のポイント

達成できたか否かは、目標が具体的であれば○をつければいいだけになる。
○以外には、回数・頻度・時間・何％と数字で表せるといい。

その結果の積み重ねが、
子どもたちの発達の記録となる

この記録があることで、子どもたちの発達を正当に評価でき、さらに親御さんにも安心を提供できます

るので成長したことに気づくのですが、自分の子どもの場合は、毎日記憶がアップデートされているので、昨日の状態との比較であれば、あまり大きな差を感じなかったりするのです。

そして、発達障害があるといわれる子どもたちは、常に同年齢の子どもと比較されるので、常に「多動だ、衝動的だ、不注意だ」と言われます。しかし、小学校1年生の多動度と小学校6年生の多動度では明らかに違いがあります。

したがって、子どもの発達を正しくアセスメントするためにも、**客観的に発達を評価したものを積み重ねていくこと**が重要です。そのための個別の指導計画と考えていただくことも重要になります。

「逆さ認知」について

LDの特徴として逆さ文字が指摘されますが、逆さ言葉のように「おたまじゃくし」を「おじゃまたくし」と言ってしまう子どもがいたり、名古屋名物の「ひつまぶし」を「ひまつぶし」と言ってしまったりする大人もいます。

私たちは目に見えたり、耳で聞こえたりするものを、過去の経験や記憶によって脳内で再現しているので（認知機能）、時には記憶の印象によって逆さに認知してしまうことがあります。また、本当は地球が回っているだけなのに、太陽が東から昇って西へ沈むと感じるように、逆の見方をすることも多くあります。

発達障害は、操作的定義で診断の基準がつくられているので、多動・衝動性・不注意が、同年齢の子どもと比較して強くみられると、ADHDと診断されます。しかし、ADHDだから多動・衝動性・不注意が強いと考えられてしまうと、ADHDを治せば、多動・衝動性・不注意が改善されるものだと「逆さ認知」してしまいます。

ADHDを治すことは現在では難しいのですが、多動・衝動性・不注意を和らげていくことはSSTを通じて可能になり、その結果、ADHDと呼ばれなくなることは十分あります。

認知によるワナを避けるには、足し算と引き算、かけ算と割り算の関係のように、「逆思考」を用いた認知スキルトレーニングを行うことも重要です。算数の場合は数量化できるので、逆思考でも検算をして正しいことを確認しやすいからです。算数・数学などは実社会では何も役に立たないといわれがちですが、本当は大きく役立っているのかもしれません。また、先行刺激よりも後続刺激のほうがより重要というのも、一般の考え方の逆さ認知かもしれません。逆が常に正しいわけではないですが、「逆のほうが正しいかも」と柔軟性をもつことも大切だと考えられます。

ソーシャルスキルトレーニングの方法

ソーシャルスキルトレーニングの基本

個別の指導計画を生かしたソーシャルスキルトレーニングの指導案が重要になります。

ソーシャルスキルトレーニングの流れ

前述のように、ソーシャルスキルトレーニング（SST）は、通常、小集団において目標を決め、下記の流れで行います。

①教示（課題を与えること）
②モデリング（他者が行うことを観察学習すること）
③リハーサル（実際に練習してみること）
④フィードバック（リハーサルにおいての肯定的な称賛）
⑤般化（練習だけではなく、実際の場面において、違う人とでも、違う場面においてでもそのスキルが活かせるようにすること）

「問題行動」の機能分析を行い、行動目標を立てる

まずは、子ども自身が困っている「問題行動」を中心に検討します。その「問題行動」の機能分析を行い、その問題とされる行動と同機能をもつと考えられる、社会的に妥当で身につけてほしいスキルを「行動目標」とします。

そして、「問題行動」の機能分析以外のアセスメントも行い、本人の得意なことや好きなことも、支援や強化子（行動を増やすご褒美のこと）として使えるようになるとよいと思います。

適切なフィードバックでその行動を強化

しっかりと目標を立てることができれば、私たち大人も、その行動を見たときに即時に褒めたり、うなずいたりするなど適切にフィードバックすることで、その行動を強化する（増やす）ことができます。

もし、目標が不明確であると、せっかく子どもが正しい行動をしたの

SSTの基本

目 標

子どもの問題行動と同機能と考えられる
「社会的に妥当な代替行動」の獲得

その行動目標を獲得できるように、個別の指導計画を利用しながらSSTの指導案を作成することが重要

子どもたちが主体的にソーシャルスキルトレーニングをできるようにしましょう

に見過ごされてしまったり、同じことをしても、あるときは褒められたのに、あるときはスルーされてしまったり、ある先生は褒めてくれるのに、ある先生には叱られてしまったなどの対応のあいまいさが残り、子どもは何が正しかったのかを学習することが難しくなります。

そのためにも、個別の指導計画を生かしたソーシャルスキルトレーニングの指導案が重要になります。

ソーシャルスキルトレーニングの効果的な進め方

練習はロールプレイなどが効果的で、楽しい雰囲気やゲーム感覚で行うことが大切です。

ロールプレイなどで練習することが効果的

ソーシャルスキルは本を読んで身につくこともありますが、そのためには読みスキルの向上が必要になります。

また、本を読んだところで、「あいさつが大切」であるとか「人の気持ちを理解することが大切」とあっても、それは大人でもなかなか身につけるのは難しかったりします。

したがって、ソーシャルスキルトレーニングでは、**ロールプレイなどを使って、実践場面に近い仮想場面で練習することが効果的**だと考えられます。

練習は楽しい雰囲気やゲーム感覚で行う

前述のように、人間の行動は、自分の意思で動いているように考えられがちですが、**学習によって自動的に処理されていること**が多いです。

たとえば、自転車に乗る場合は、最初はバランスを取るために頭でいろいろと考えながらバランスを取って乗れるようになるかもしれません。しかし、一度乗れるようになれば、あれこれ考えずに乗ることができます。

自動車の運転も、経験が増せばプロセスを確認しなくても運転できるようになりますし、パソコンやスマホも同じです。はじめは一つひとつ見ながら入力していたキーボードタッチも、練習の結果、ブラインドタッチとして自動的に指が動くようになります。

人とのつき合い方や敬語の使い方、お客さんへの対応の仕方も最初は練習です。その練習を合理的に進めるためにも、**楽しい雰囲気やゲーム感覚で行なっていくこと**が大事です。そして、**失敗よりも成功で人は学**

SSTでのアイスブレイク

SSTでは
楽しい雰囲気が重要

SST を始める前に、「アイスブレイク」と呼ばれる簡単なゲーム（じゃんけんゲームやフルーツバスケットなど）をしながら、リラックスした雰囲気で行いましょう。

SSTは
何回も継続的に行うことが重要

SST の終わりにも、子どもたちにとってご褒美になるような簡単なゲームをするのもおすすめです。

んでいくということが重要な視点です。

子どものニーズに合わせてトレーニングを行う

本書の以下の項目では、具体的に身につけてほしい行動やスキルに関するトレーニング方法を紹介していきたいと思います。

大切なのは、これらのスキルや行動がその子どもに対して絶対的に必要というわけではなく、その獲得に決められた順番があるわけでもないことです。

重要なのは、**目の前の子どものニーズに合わせて、具体的で達成可能な行動目標を設定すること**です。そして、**その行動目標に合わせた個別の指導計画をつくることも重要**になります。そのうえで、ご紹介するスキルトレーニングが、子どもたち一人ひとりの具体的な支援の参考になればと思っています。

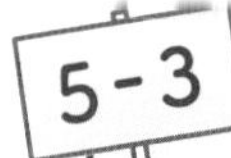

あいさつスキル

自分からあいさつをすることも、相手からされたときに返すことも大切になります。

◎主な対象：幼児・低学年
◎場面設定：本来、あいさつはその日はじめて会ったときにしますが、今回はSSTの授業などで、楽しく練習する場面を用意します

■目的

あいさつは、対人関係で重要視されています。相手の目を見てあいさつするのが苦手な子どもはいるかもしれません。ただ、日本文化では目を見てあいさつすることが重要視されているので、少しずつでもできるようにしましょう。

行動目標

- あいさつされたら、あいさつしてくれた人の目を見る
- あいさつの言葉と同じ言葉を返す（「おはよう」なら「おはよう」、「おはようございます」なら「おはようございます」、「こんにちは」なら「こんにちは」）
- 自分からあいさつをする　など

■支援方法の工夫

目を合わせるのが苦手な場合は、「鼻を見てもいいよ」というヒントを与えてもよいと思います。また、マスクを使って目に注目させるという工夫もあります。

自発的にあいさつができない場合は、視覚的プロンプト（あいさつが書かれた絵）、言語的プロンプト（「おは」などの言語的ヒント）を積極的に出しましょう。

あいさつを返すことも重要

自分からあいさつをすることは大切ですが、あいさつをされたときにしっかりと返すことも重要です

■留意点

相手が先にあいさつをして、その応答をしたときに、私たちはフィードバックを忘れがちです。子どもがあいさつをしたら、必ず「上手」とほほえみながら褒めるのを忘れないようにします。

■応用編

誰にでもあいさつができるようになるのが望ましいですが、相手の機嫌が悪い場合は、失敗経験になる可能性があります。年下の子どもにあいさつができるようになったり、適切な人にあいさつできるようになったりするのもソーシャルスキルかもしれません。

■課題点

まずは、次項の「話している人の顔を見るスキル」を獲得していたほうがよいかもしれません。あいさつだけの練習だと文脈にそぐわなくなってしまうので、毎日少しずつ、場面に合った練習が期待されます。

話している人の顔を見るスキル

社会的スキルの初歩になり、大人と子どもの１対１ではなく、もう一人がプロンプトをする支援方法もあります。

◎主な対象：幼児・低学年
◎場面設定：家庭や教室など

■目的

話している人の顔を見て聞くスキルも、社会的スキルの初歩になります。話している人の言葉がわからなければ、顔を見て聞く行動を増やすのは難しいかもしれません。また、集団に話しかけている場合はまず、自分の名前や興味あるものを呼んだ人の顔を見る行動を学習します。

行動目標

- 自分の名前が呼ばれたら、呼んだ人の顔を見る
- 自分の興味があるもの（「チョコだよ」「おやつだよ」など）を言った人の顔を見る
- 集団場面で、話している人の顔を見る　など

■支援方法の工夫

自分の名前を呼ばれたときに呼んだ人の顔を見るためには、自分の名前を理解していないと困難です。名前や愛称は、初期は統一していたほうがよいでしょう。大人と子どもの1対1ではなく、もう一人補助についた人（他の子どもでもいい）が、「誰が話してるかな？」とプロンプトし、子どもができたらしっかりと喜んで褒めましょう。

■留意点

プロンプトは、無理やりやらせるためにするのではなく、子ども自身

プロンプトによる支援

「いま誰が話しているかな？」などと、本人が主体的に気づくようにプロンプトをしてみましょう

が主体的に見ることを待って、できたら褒めましょう。

■ 応用編

絵本の読み聞かせなどの場合は、絵を見ることが優先になります。人の顔を見て話を聞くときと、話をしている人が見てほしいものを見るスキルと分化していく必要があります。

■ 課題点

自分の興味があるものを見るのは容易ですが、「勉強するよ」とか、「何してるの！」と怒られているときは、なかなかその人を見るのが嫌になると思います。まずは、楽しいことから始めましょう。

模倣スキル

模倣スキルを獲得することで、社会性スキル・認知スキル・言語スキルなどが育ちます。

◎主な対象：乳児、幼児、小学生
◎場面設定：家庭、園

■目的

人は他者がすることを模倣することで、新たな行動を学習していると考えられます。まねをするのは動作模倣だけではなく、他者が話した言葉を繰り返す「エコラリア」のような音声模倣も含まれます。

また、ものまねは、誹謗中傷でなければユーモアの一つにもなります。模倣ができたことをしっかりと褒めたり、ほほえんであげたりすることで、模倣スキルを獲得して、社会性スキル・認知スキル・言語スキルなどが育ちます。

行動目標

- 音声模倣をする（「マ、マ、ダ、ダ」などの喃語（なんご）模倣、子どもが指差したものに親が「ブーブー」、子が「ブーブー」と言うなど）
- 動作模倣をする（「お鼻どこ？」と言われて鼻を一緒に指差す。○○の手遊び歌をする。三角形の模写をする。動物のまねをする）
- 表情模倣をする（大人がほほえみかけたらほほえむ）　など

■支援方法の工夫

子どもに模倣させるだけではなく、大人が子どものまねをする「逆模倣」も重要なテクニックです。喃語の逆模倣などを通じて、模倣の楽しさを子どもと共有しましょう。

大人の動作のまねは、体のサイズが違うので子どもには難しい場合が

ものまねゲーム

「ものまねゲーム」はとても盛り上がるので、
楽しいことだと学習することができます

動物のまね

先生が写真や絵カードで動物のお題を出す → 一人の子どもにその動物のまねをしてもらう → みんなでそれを当てたり、その動物のまねをする

動物の絵を描く

動物の絵を描くなども、絵や写真のまねをして描くので、
模倣スキルを発達させると考えられます。

あり、子ども同士でモデルにしてもよいと思います。また、写真よりもイラストをまねて描くほうが楽なように、子どもは、写真や動画よりもアニメをモデルにするほうがまねしやすかったりします。

■留意点

行動目標は、手遊び歌なら歌の名前を限定するなど、より具体的な目標にしましょう。ものまねをしながら、類似概念を育てましょう。

■応用編

演劇やごっこ遊び、ロールプレイ、SSTも模倣スキルになります。楽しみながら、一つずつ模倣スキルを広げていきましょう。スポーツで上手な人のまねをするのも模倣スキルになります。

■課題点

自閉スペクトラム症の場合は、人のものまねは苦手であったりしますが、模様の構成や絵が得意であったりします。その違いに注目していくことが重要だと考えられます。動物のまねではなくても、自動車や電車のまねからできるようになってもいいと思います。

個別遊びスキル

遊びはさまざまなスキルを学ぶことができ、子ども自身がやっていて楽しい遊びを選ぶことが大切です。

◎主な対象：乳児、幼児、小学生
◎場面設定：家庭、園

■目的

子どものお仕事は遊びです。テレビゲームに集中していても、大人は「ゲームなどしていないで勉強をしなさい」とよく言います。

しかし、テレビゲームやインターネットを通じて、さまざまなスキルを学習することができますし、ゲームがご褒美として強化子になる場合もありますので、遊びを上手に用いていきましょう。

行動目標

- 容器にものを入れる
- 積み木を6つ縦に重ねる
- ものをたとえて遊ぶ「見立て遊び」をする
- 一人で60分遊ぶ　など

■支援方法の工夫

赤ちゃんのおもちゃは、音が鳴ったり、光ったりするなどフィードバックのあるものが大半です。それは、誰かが褒めてくれなくても、おもちゃで遊ぶこと自体に行動内在型強化子があるからだと考えられます。子ども自身がやっていて楽しい遊びを選ぶことが重要です。

■留意点

運動には「粗大運動」と「微細運動」があります。これらの遊びを通

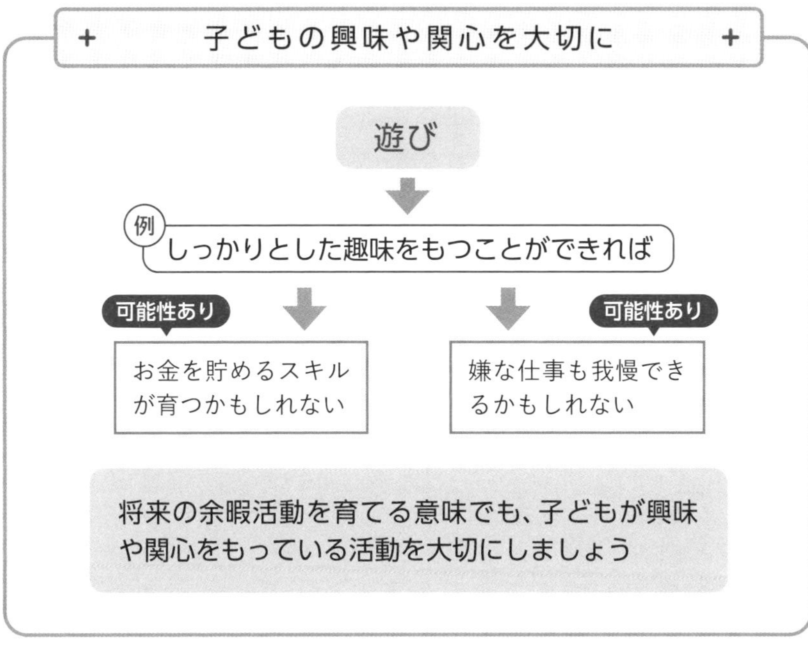

じて、自分の行動を調整することを学んでいきます。数字を扱えれば、言葉によって行動の調整がしやすくなります。子どもが主体で、自分で遊びを創造していけることを支援することも重要です。

■応用編

一人で暇な時間をつぶすことができるようになれば、長い列に並んで待つことができるようになります。テレビゲームでは、約束の時間で止めることができるスキルの獲得も目指したいですね。

■課題点

発達の遅れが大きい場合、年齢が高くなっても感覚運動遊びの段階から移行しないことがあり、自傷行動につながっている場合もあります。テレビ番組を見て時間を過ごす場合も、発達に合わせたテレビ番組やインターネット動画などを準備できるとよいと思います。

集団遊びスキル

他者と一緒に遊ぶ集団遊びは、ルールの理解や数の理解が必要になり、ソーシャルスキルを育てる最大のチャンスです。

◎主な対象：幼児、小学生
◎場面設定：家庭、園、学校における休み時間など

■目的

個別遊びができるようになると、同じ場面で他の子どもたちと別々に遊ぶ「平行遊び」があり、それから他者と一緒に遊ぶ「集団遊び」が発達します。集団遊びこそソーシャルスキルが必要になると同時に、ソーシャルスキルを育てる最大のチャンスになります。自分だけの世界から他者をイメージし、win-winの関係を目指していきます。

行動目標

- トランプ遊びにおいて順番を待つ
- 自分が負けたときに、納得して次のゲームに移行する
- 年下の子どもに勝ちを譲る　など

■支援方法の工夫

順番というルールは目に見えづらいので、見てわかるように順番に座り、順番の人はタスキをかけたり、順番帽子などをかぶるとわかりやすいです。ゲームのルールも、板書や視覚的に示すことが大切です。

■留意点

数概念が育っていなければ、勝ちの順番は1位のみになります。「2番目でも3番目でもすごいこと」という価値観を、大人が伝えることが大切です。負けたときにそれを受け入れた言動があったときは、積極的に

ルールは見てわかるようにする

集団で遊ぶためには、ルールの理解が必要

言葉の発達や文字の理解、数字などの数概念が必要

順番というルールは、目で見てわかるように支援することが大切

褒めることも重要になります。また、遊びを通じて言葉や認知の発達を促すという考えも重要です。遊ぶことだけが目標になるのではなく、言葉や認知の発達を促す目標を入れることが勧められます。

■応用編

小学校高学年になると、サッカーなどの球技での集団遊びスキルが必要です。近年は、集団で参加できるテレビゲームなどもあります。

■課題点

日本は年齢でクラス編成しているため、一見、平等のようですが、むしろ発達差が考慮されづらく、勝ち負けが固定されている場合もあります。年齢にこだわらず、発達に合わせて勝ち負けが偏らないように集団を配慮することも大切だと思います。集団でいることに楽しさを感じなければ、社会的な生活から一歩退いてしまうことも考えられます。

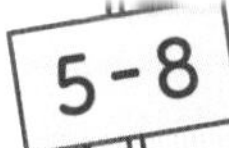

感情スキル

感情表現を身につけるのが目的であり、大人が積極的に褒めていくことが重要だと考えられています。

◎主な対象：乳児、幼児、小学生、中学生
◎場面設定：家庭、園

■目的

喜怒哀楽などの感情を他人と共有できることは、ソーシャルスキルを育てていくうえでも重要になります。同じものを食べて「おいしいね」と共感できるとお互いうれしくなり、対人関係は良好になりますし、お笑い番組を見て一緒に笑う経験をすることも重要です。感情の表現をスキルとして身につけていくことが目的です。

行動目標

- 注目されるとほほえむ
- テレビ番組を一緒に見て一緒に笑う
- 応援するチームの活躍を一緒に「ヤッター」と言いながら喜ぶ など

■支援方法の工夫

趣味や興味は人それぞれ違うものですが、きっかけは大人のほうがつくる必要があります。子どもが好きな食べ物を一緒に料理して、「一緒に食べておいしいね」という活動を用意するのもよいかもしれません。

■留意点

感情は生得的なものだと考えられがちです。しかし、昔は家族との食事中に話してはいけなかったですが、いまは楽しく会話をしながらの食事はよいことだとされています。海外と日本の文化を比べてもユーモア

感情スキルを育てる

クラスのみんなと一緒に応援することも
共感スキルを育てます

への考え方が異なるように、その時々の文化や学習の影響が大きいことが考えられます。そうであれば、積極的に笑顔になることを褒めていくことで、感情スキルが豊かに育つことも重要であると考えられます。

■ 応用編

自分が喜ぶだけではなく、他人の活躍をしっかりと褒めたり喜んだりするスキルを獲得できると素晴らしい社会になると思います。

■ 課題点

笑いに関しては、下品と考える文化もあります。また、人をバカにするような笑いは、よりよい社会性とはいえません。子どもに対して威圧的で支配的な環境では、子どもが嬉しさや笑いを表現することが難しかったりします。子どもにほほえみかけるのは大切ですが、子どもの行動に対してほほえみでフィードバックすることもとても重要です。

謝罪スキル

一緒に謝ってくれる支援者の存在も重要となり、子どもが謝ったときにはしっかりと許すことが大切です。

◎主な対象：幼児、小、中、高、大学生、社会人
◎場面設定：家庭、園、学校、社会全般

■目的

人は誰しも間違いをしてしまいます。そのようなときに、「ごめんなさい」と謝ることができれば、その後のコミュニケーションが円滑になりやすくなることが期待できます。

行動目標

- ものを壊してしまったときに「ごめんなさい」と言う
- 他人を傷つけてしまったとき（物理的・心理的）に謝る
- 部下や家族、仲間が過ちをしたことに対して謝罪する　など

■支援方法の工夫

大人でもなかなか謝ることは難しいものです。謝るためには、まず、自分で過ちを認めないといけないからです。そのような場合は、一緒に謝ってくれる支援者の存在も重要になります。そして、子どもが謝ったときにはしっかりと許すことが大切です。許されるという経験をしてはじめて、謝る行動の機能を学習すると考えられます。

■留意点

「言い訳するな」と叱っても、自分が叱られた理由がわからなければ、余計に不満をもつことがあります。むしろ、言い訳が出尽くすほど大人が聞くことによって、自分が間違っていたことに気づきやすくなります。

さまざまな謝罪スキル

自分が謝るだけではなく、他人が謝るときに一緒に謝ることや、他人が謝ったときに許すことも含まれます

叱った理由説明をしても、なかなか理解してもらえないことが多いのです。

■応用編

相手が謝ったことに対して、それを許すスキルも、ソーシャルスキルとして重要になります。それも、人に許される経験をして学習していくと考えられます。問題解決能力を育てていきましょう。

■課題点

「ただ謝っておけばいい」という態度を誤学習させてしまうと、逆効果になる可能性があります。「ごめんなさい」と言って、許してもらった経験が重要になります。また、謝り方にもスキルがあります。「私のミスでした。ごめんなさい。でも、○○さんがその原因でした」と謝ってしまうと逆効果です。そうではなく、「○○さんがその原因だったかもしれませんが、私のミスでした。ごめんなさい」と謝ると、自分の主張ができ、かつ、謝罪の形にもなっています。

お願い・要求スキル

「貸して」と言えるなど、自身の願いが叶えられやすくなることを学習するのが大切です。

◎主な対象：幼児、小、中、高、大学生、社会人
◎場面設定：家庭、園、学校、社会全般

■目的

人は一人で生きているわけではないので、必ず人にお願いすることがあります。お願いするときも上手な頼み方があり、上手なお願いスキルを獲得したほうが成果を得やすいことを学習します。

行動目標

- 「貸して」と言う
- 丁寧な言葉でお願いをする
- 自分から条件をつけて要求をする　など

■支援方法の工夫

「貸して」と言えるようになったり、丁寧な言葉でお願いができるようになったりすることで、自身の願いが叶えられやすくなることを学習するのが大切です。

したがって、その行動が見られたら、お願いが叶うような結果をともなう支援が必要になります。ほかの子どもやアニメ動画などのモデルを用意しましょう。

■留意点

お願いのレベルによって、叶えられることと叶えられないことがあります。条件をうまく用いながら、我慢することとお願いすることのバラ

お願い・要求スキルのポイント

基本　人にお願いをするのは、
コミュニケーションスキルの基本

▼

お願いのしかたによって、それが叶ったり
叶わなかったりと、結果が変わってくる

重要　上手なお願いスキルを獲得していくことが、
ソーシャルスキルでも重要

▼

お願いされたらそれに応えていくことも、
ソーシャルスキルの一つだと考えられる

ンスを図ることも重要になります。

たとえば、「ご飯を食べたら、テレビを見ようね」「お風呂掃除のお手伝いを1か月するから、ゲームを買ってください」などです。

条件やルールなどは、小学生まではなかなか頭でイメージするのが難しいので、視覚的に提示できるとよいと思います。

■応用編

進路選択も、お願いスキルの一つだと思います。子どもがしたいことを頭ごなしに否定するのは問題を難しくするため、合理的な判断をすることを強化していくことも大切になります。

■課題点

機能分析の項目で説明したように、「問題行動」は要求機能になっている場合が多くあります。問題行動に要求機能を随伴させないように、積極的に、社会的に妥当で適切な要求機能をもつ行動・スキルの学習を目指していくことが重要になります。

忍耐・我慢スキル

忍耐や我慢するスキルは、本人が耐え得る適切なレベルから目標にしていくことが必要です。

◎主な対象：幼児、小、中、高、大学生、社会人
◎場面設定：家庭、園、学校、社会全般

■目的

自分の望みは常に叶うわけではなく、病気や人間関係などで理不尽なことが多々あります。ある程度の忍耐・我慢スキルを獲得したほうが、社会的に楽になることも多いです。

行動目標

- おもちゃを貸してほしいときに、順番を守る
- 病気になったときに、おとなしくして寝る
- 嫌なことをいわれたときに、感情的にならずに頭のなかで6秒数える（「～しない」は行動目標にならないので、その逆の行動を考えましょう）　など

■支援方法の工夫

忍耐や我慢する行動は、「～しない」状態であるので、他者に見えづらく、モデルを示すことや我慢していることを褒めるのが難しかったりします。初期の頃は、手のひらを握りしめるなど、わかりやすい行動で理解を促してもいいかもしれません。また、忍耐や我慢したことをしっかりと褒めたり、リスペクトしたりすることが重要です。

■留意点

過剰な我慢をさせてはいけません。誤解されがちですが、無誤学習は

我慢ができたら褒める

順番やルールを守ること

||

結局は自分にとって利益がある

学ぶのには時間がかかるため、我慢することができたらしっかりと褒めることが重要です

失敗を絶対にさせない学習ではなく、失敗してもそれが誤学習にならない程度で行う学習になります。したがって、失敗から学ぶことを経験させるためにも、その失敗はリカバリーできる程度の失敗からスモールステップで経験させていくことが大切です。この忍耐・我慢スキルも、本人が耐え得る適切なレベルから目標にしていくことが必要です。

■応用編

注射や歯医者さんでの我慢スキル、スポーツの長距離走など。

■課題点

ハラスメントやいじめ、反社会的行為などに対する我慢を強要するために使ってはいけません。お願い・要求スキルなどとの同時トレーニングなど、我慢したことによって何かいいことがあるような、ポジティブなトレーニングとしてセットで計画してください。

断りスキル

断りスキルを学習させるには、断りやすい題材が必要になり、しっかりとしたフィードバックが重要です。

◎主な対象：幼児、小、中、高、大学生、社会人
◎場面設定：家庭、園、学校、社会全般

■目的

人生のなかでは我慢をしなければならないことも多いですが、無理なことをしすぎると、心身の健康を崩してしまいます。無理なことを断るスキルも、ソーシャルスキルとして獲得していく必要があります。

行動目標

- 自分が嫌なときに「嫌」と言う
- 集団内において、不適切な行為に参加せずに断る
- 心身の体調が悪いときに、仕事を休む　など

■支援方法の工夫

第一次反抗期のように、何でも「嫌」と言う時期もあります。しかし、相手と信頼できる関係にはなく、相手の立場が上の場合、断るという行動を取ることにはとても勇気がいります。

断りスキルを学習させるには、断りやすい題材が必要になります。また、勇気をもって断ったときに、しっかりとその勇気を称えるフィードバックが重要です。

■留意点

このスキルは、相手との関係性が重要になります。断る相手が自分の立場よりも下にある場合には、威圧的になってしまうことがあります。

上手な断り方を身につける

相手の気持ちを考えると、断るのが難しいこともある

社会人でも、仕事や家事の押しつけなど、自分が犠牲になれば丸く収まると思って、我慢を強いられてしまうことがあります

お願いされたことを安易に断ることを学習してしまうと、忍耐スキルも低下してしまいます。スキルトレーニングの場では、断る内容や上手な断り方についても話し合えるといいと思います。

■応用編

乗り気ではない勧誘の断り方、社内飲み会の断り方など。

■課題点

上手な断り方を学習するためには、相手の気持ちに立ってイメージすることが重要ですが、相手の気持ちに立つと、余計に断りづらいことも考えられます。自分の気持ちと相手の気持ちのwin-winの関係をイメージすることも、大切なスキルになっていくと考えられます。

逃避スキル

一般的に逃避は肯定的に受け取られないことが多いため、獲得したい行動目標を条件とともに明確化しましょう。

◎主な対象：幼児、小、中、高、大学生、社会人
◎場面設定：家庭、園、学校、社会全般

■目的

機能分析では、逃避機能は「問題行動」の機能の一つとされています。危険やリスクを避けることはとても重要なスキルですが、それが問題行動とならないように、社会的に妥当な適切な逃避スキルを獲得することが大切です。

行動目標

- 「ダメ」「危ない」と言われたり、大人の表情が変わったら、いまの行動をやめる
- ストーブなど危険な場所を避ける
- リスクを比較する　など

■支援方法の工夫

一般的に、逃避は肯定的に受け取られないことが多いので、獲得したい行動目標を、条件とともに明確化しておくと、望ましい行動をしっかりと褒めることができます。条件を理解するためにも、アニメや動画を使ってモデルを示していくことが重要だと考えられます。

■留意点

前項の断りスキルとも関連します。上手に断ることができないと、不適切に離席や教室から出ていってしまうことも考えられます。社会的に

＋ インターネット上の詐欺行為からの逃避スキル ＋

**危険を察知してその場から逃げるのは、
安全を守るためにも重要なスキル**

昨今は、インターネット技術の発展によりデジタル的な詐欺も横行しています。迷惑メールと正しいメールを区別でき、詐欺行為からの逃避スキルを育てていく必要があります。

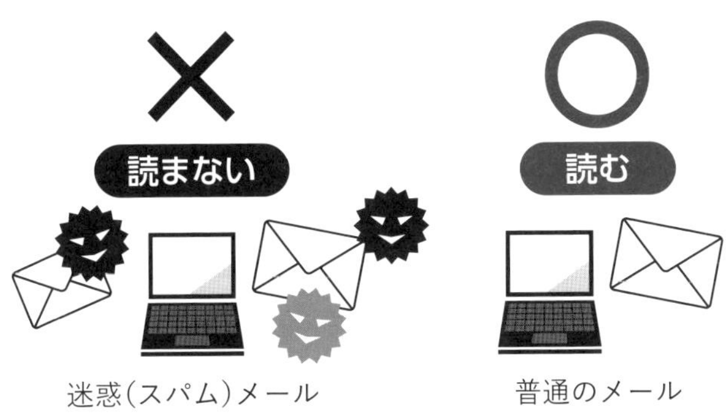

迷惑(スパム)メール　　普通のメール

妥当で適切な行動を目標にして、それが達成できたときは、しっかりと褒めたり、評価したりすることが重要です。

■応用編

インターネットなどの怪しい情報に騙されないようにするスキルも、危険からの逃避スキルになります。

■課題点

逃避スキルだけが発達してしまうと、自分が嫌な仕事や課題からいつも逃げ出すことが多くなります。

逃げ出す代わりとなる断りスキルや、「このことはしないけれど、代わりにこっちならする」といった、適切な行動を選択するスキルも同時に育てていく必要があります。

コーピングスキル

「ストレス」と「情動」に対するコーピングスキルがあり、ソーシャルスキルとして育てていく必要があります。

◎主な対象：幼児、小、中、高、大学生、社会人
◎場面設定：家庭、園、学校、社会全般

■目的

コーピングスキルとは、自分にとってたとえネガティブなことであっても、それと上手につき合っていくスキルです。WHO（2020）では、ライフスキルとして、「ストレス」へのコーピングスキルと、「情動」に対する2つのコーピングスキルを挙げています。コーピングスキルも、ソーシャルスキルの一つとして育てていく必要があります。

行動目標

- ストレスを感じたときに、リラックスするため温かい紅茶を飲む
- 強い怒りを感じたときはカウンセラーに相談する
- 自分の趣味などの余暇活動を定期的に行う　など

■支援方法の工夫

ストレスは目に見えない、抽象概念であるため、子どもは自分自身でそれに気づいていないことがあります。しかし、くやしいことがあると思い出して寝られなかったり、お腹が痛くなったりします。そのようなときも、子ども自身が自分の興奮状態を和らげるスキルを一緒に探し、落ち着けたことを褒めたり、喜んであげたりすることが重要です。

■留意点

ものをたたきつけたり、暴力的な行為でストレスを吐き出そうとする

ストレスコーピングの方法

●問題焦点コーピング

ストレッサーそのものに働きかけて、それ自体を変化させて解決を図ろうとすること
(例：対人関係がストレッサーである場合、相手の人に直接働きかけて問題を解決する)

●情動焦点コーピング

ストレッサーそのものに働きかけるのではなく、それに対する考え方や感じ方を変えようとすること
(例：対人関係がストレッサーである場合、それに対する自分の考え方や感じ方を変える)

※出典：厚生労働省「ストレスコーピング」
https://www.e-healthnet.mhlw.go.jp/information/dictionary/exercise/ys-068.html

場合があります。それらをとがめるのではなく、外でサッカーボールを思いっきり蹴ることを勧めるなど、代替になる行動を探しましょう。強い怒りを他者が言語的に共感することで、自身のあいまいな気持ちを言語的に表し、自己コントロールできるようになると考えられます。

■応用編

我慢したり、コーピングしたことのご褒美として、旅行に行ったり、趣味などの余暇活動を計画できるようにしましょう。

■課題点

怒りや絶望感などはなかなか理解してもらえないこともありますが、それを否定されると、さらにその感情は強くなります。共感的に言語化することが大切です。「お友達のことを許せなかったんだね、でも、我慢して最後は握手してとても偉かったと思うよ」と、ネガティブな気持ちだけに共感するのではなく、ポジティブな行動をしっかりと褒めたり評価することが、次に同じような場面でのコーピングスキルとして重要です。

あいまいスキル

支援においては、あいまいな言葉をいかに視覚的に表現することができるのかが重要です。

◎主な対象：幼児、小、中、高、大学生、社会人
◎場面設定：家庭、園、学校、社会全般

■目的

人は見通しや見立てができないと、いまの状況をイメージできずに強い不安を感じます。また、矛盾したことも不安を感じるため、同じことをしたはずなのに、「あるときは褒められ、あるときは叱られた」という経験をすると、強いストレスを感じます。ルールで割り切れない「あいまいさ」は、ソーシャルスキルとして受け入れる必要があります。

行動目標

- 「少しちょうだい」と言われて、食べているものを渡す
- 自由時間に自分でやりたいことを決める
- 約束の時間の前に到着する　　など

■支援方法の工夫

子どもに「少しちょうだい」と言っても、少しも渡してくれないときがあります。これは、大人の「少し」という表現が抽象的で、全部と少しの違いがわからないためと考えられます。また、人によって「少し」の量は異なるので、イメージしにくいのです。あいまいな言葉をいかに視覚的に表現することができるのかが、支援において重要になります。

■留意点

決められたことならできても、「自由に何をしてもいい」というあいま

あいまいスキルの向上

あいまいスキルを向上させるには下記の方法が考えられます。

●答えがないことを思考訓練

答えが決まっていることは正誤がはっきりしていますが、答えがないことには不安がともないます。
逆に考えれば、答えがないことを思考訓練することは、あいまいスキルを向上させることだと考えられます。

●子育てや年少の子どもとの接触経験を増やす

そもそも対人関係にルールはありません。子育てもマニュアルどおりにはいきません。子育てや年少の子どもとの接触経験を増やしていくことで、あいまいスキルは向上していくと考えられます。

いな表現が苦手な子どもたちがいます。そして、自由なのに、自分の好きなことをしたら怒られたというケースもあります。子どもが選んだ行動をしっかりと褒めたり、評価したりすることが重要です。

■応用編

ことわざや皮肉なども、単語どおりの意味ではないため、混乱してしまうことがあります。言葉の意味ではなく、言葉の機能を重視した語用論的理解を広げていくとよいでしょう。また、自分が正義で正しいと思っても、社会ではそれが認められないことがあります。多様性を認めていくスキルも、あいまいスキルになると考えられます。

■課題点

目に見えない抽象概念は9歳以降に発達するとされるため、目に見えないあいまいな概念も、それ以降に理解すると考えられます。あいまいな概念は、人によってとらえ方が違うため、理解が異なりトラブルのもとになります。あいまいさを許す寛容力を育てていきましょう。

未来予想スキル

正しい未来を予想することができれば、未知の経験の見通しを立てることができます。

◎主な対象：幼児、小、中、高、大学生、社会人
◎場面設定：家庭、園、学校、社会全般

■目的

誰もが未来を見ることはできませんが、過去の経験から未来を予測することは可能です。正しい未来を予想することができれば、未知の経験の見通しを立てることができ、いまを我慢できるかもしれません。しかし、それが難しければ、不安状態は高まります。

また、未来予想スキルは、ソーシャルスキルだけではなくライフスキルにも関連していくと考えられます。

行動目標

- 雨が降りそうなので傘をもっていく
- 野球やサッカーなど、どちらが勝つか予想する
- 自分の学力に合った志望校を選ぶ　など

■支援方法の工夫

予想が当たる・当たらないではなく、「予想に従ったこと」「行動を選ぶこと」が目標なので、その行動をしっかりと褒めることが大切です。また、未来や条件節（if節）は目に見えないので、絵カードや写真を使ってイメージさせることも支援になります。

■留意点

未来予想は、当然外れることもあります。当たったときの想像や外れ

たときの想像ができることが、コーピングスキルにもなります（仮説演繹的思考）。また、降水確率といった確率論の理解も必要です。

■応用編

商品の仕入れや納期の計算など、契約をきちんと守ることも、未来予想スキルの応用だと考えられます。また、未来を予想できるからこそ優先順位をつけることができ、これも未来予想スキルだと考えられます。

■課題点

未来の状況を予測できないと、安易な選択をしがちです。また、課題にかかる時間を予測できないと、結局、締め切りを守れなかったりします。紙芝居の並べ替えなど、継次処理（時系列に処理する能力）を育てていくことが重要になります。

過去をさかのぼるスキル

過去の記憶を時系列に並べ替え、継次的に処理する能力が必要です。文字カードなどの支援ツールを使いましょう。

◎主な対象：幼児、小、中、高、大学生、社会人
◎場面設定：家庭、園、学校、社会全般

■目的

未来と同様に、過去をさかのぼることにも、目に見えないものを想像する認知発達が必要です。また、過去の場合は、写真のように1枚1枚の記憶は残っていても、それを時系列に並べ替えて、継次的に処理する能力が必要になります。

行動目標

- 友達とケンカしたときのことを時系列に沿って説明する
- 3日前から、毎食、何のご飯を食べたのかをいう
- 縄文時代から、順番に時代の名称をいう　など

■支援方法の工夫

過去を思い浮かべるとき、現在に近い出来事のほうが記憶は新しく、現在から遠い出来事のほうが記憶は古いため、記憶を古い順番に並べ替えるのは、なかなか難しいことになります。文字カードを使うなどして、自分で並べ替えるような支援ツールを使うと便利です。

■留意点

自閉スペクトラム症といわれる子どもたちは、同時処理的な「視覚的記憶」は得意ですが、「時系列的因果関係」を思い出すことが苦手とされています。視覚的な支援やカレンダーを使うなど、手がかりを使いなが

過去を振り返る際のモノサシ

私たちは、いまのモノサシ（認知）で
過去を振り返ってしまいがち

子どもたちの見えている世界を、抽象概念などが
できる「大人の見方」で考えてもイメージできない

**歴史も同じで、時代に合わせたモノサシで
過去を想像するトレーニングが必要です**

らこのスキルの獲得を目指していきましょう。

■応用編

時系列に沿って説明することは、論理性を生むことにつながります。作文やレポート、論文などの文章を書く際も、因果関係を説明するために、時間をさかのぼって説明することになります。

■課題点

私たちも、歴代総理大臣を順番どおりに思い出すのは難しいことでしょう。歴史をさかのぼる場合も、「何年」という数字の手がかりがあって理解できます。

そもそもADHDも、「DSM-5」や「ICD-11」のような操作的定義では、多動や衝動性、不注意が強いときにADHDと診断するのであり、ADHDだから多動や衝動性、不注意が強いわけではありません。

しかし、私たちの認知は逆思考をしがちです。過去をさかのぼるスキルは、逆思考であることを気づかせてくれるスキルともいえます。

SNSスキル

SNS の新しいルールに柔軟に対応しながら、SNS を楽しんでいく必要があります。

◎主な対象：中、高、大学生、社会人
◎場面設定：家庭、学校、社会全般

■目的

インターネット上での社会性は、ソーシャルネットワーキングサービス（SNS）でも必要になります。しかし、SNSは新しい文化ですので、決まったルールがあるわけではなく、今後も新しいルールがつくられていくことが想定されます。新しいルールに柔軟に対応しながら、SNSを楽しんでいく必要があります。

行動目標

- 他人を傷つけることなく、注目を得ることができる記事を書く
- 社会的に適切な投稿に対して「いいね」をする
- 禁止ではなく、社会的に適切な運用ができるルールをつくる　など

■支援方法の工夫

前述のように、問題行動を減らすよりも社会的に妥当な適切な行動を増やすことが目指されるべきなので、適切な使い方のモデルを示すことが、最大の支援方法だと考えられます。

■留意点

SNSの「いいね」機能やアクセス数は、記事を投稿することに対して非常に大きな注目機能をもちます。不適切な記事でも人から注目され、誤学習のもとになり、より過激で不適切な記事を書くことが強化されて

SNSの適切な使い方のモデルをつくる

SNSは新しい
ソーシャルスキルの形

SNSは今後も
ルールが変わる

禁止ルールよりも、社会にとって適切な使い方のモデルをつくっていくことが重要です。

- お得な情報を友達と共有する
- きれいな風景を紹介する
- 旅行の思い出を日記にする
- 海外の人と交流する

しまうことに配慮しなければいけません。不適切な書き込みを見てしまうのはしかたないですが、「いいね」機能はなるべく使わず、「低評価」を押しても注目機能になる場合があるので、なるべく無視することも大切です。その代わりに、社会的に妥当で適切な投稿に対しては、積極的に評価することが重要だと考えられます。

■応用編

自分の居住地域だけではなく、普段なら出会えない地域の人とも交流できるのは素晴らしいと思います。国籍や年齢に限定されず、自分の趣味や興味が合う友人をつくることにSNSは優れていると考えられます。

■課題点

インターネットの情報は、一度流出してしまうと、その回収が難しいことが最大の課題です。たった一度の過ちが一生影響を残すというリスクがあります。SNSは、まずは限定されたグループ内だけで利用してトレーニングをするなども必要だと考えられます。

情報検索スキル

大人や他者による支援によって、より注意深く検索結果を使用するスキルを向上させていくことも大切です。

◎主な対象：小、中、高、大学生、社会人
◎場面設定：家庭、学校、社会全般

■目的

インターネット技術の発展は、学びのスタイルを変え、フェイク情報も含めた情報処理スキルが必要となりました。

行動目標

- 複数のワード（概念をしぼる）を使って、検索数をしぼる
- 最初の検索ページだけではなく、複数の情報の信頼性の比較をする
- 専門分野において必要な文献論文を手に入れる　など

■支援方法の工夫

インターネットの検索は、必要な情報が得られたときに正解のフィードバックがあるので行動内在型強化子であり、他人から褒められなくても自己学習していきます。ただ、情報に必要なワードを限定できないと難しい場合があるので、そのヒントを出すことが支援になります。

■留意点

情報の真偽は、検索が上位であればあるほど信頼性が増すかもしれません。大人や他者による支援によって、より注意深く検索結果を使用するスキルを向上させていくことも大切です。

検索スキルは概念の操作

（➡ 検索結果）

●２つ以上の概念を組み合わせれば、
共通するものが検索できる（AND 検索）

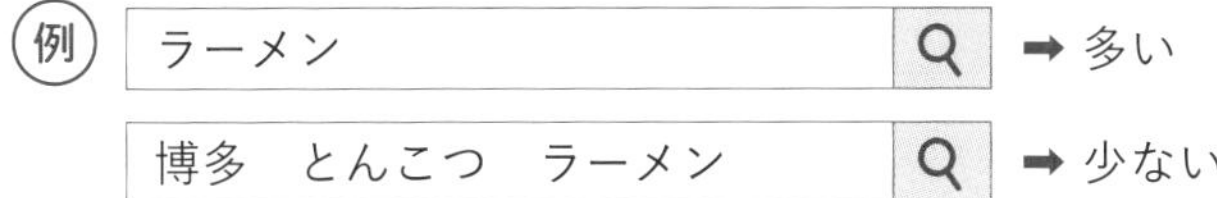

●ある語を含まないようにすれば、
検索数をしぼれる（マイナス［-］検索）

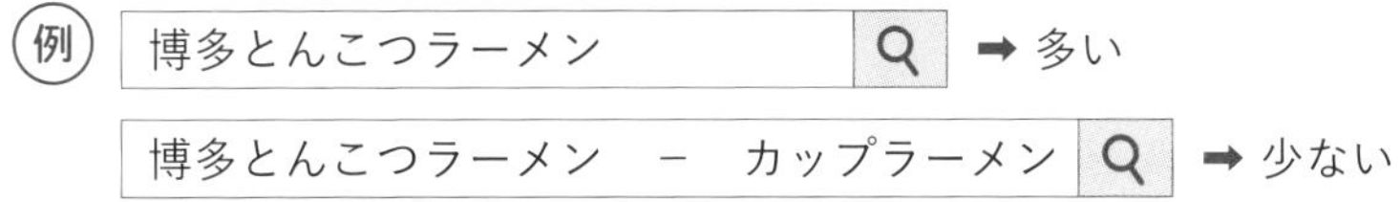

●幅広い情報を得るために、
その立場と逆の立場を検索する方法

例　博多とんこつラーメン　嫌い

➡ 嫌いな情報と、とんこつラーメン以外の情報が出る可能性もある

■応用編

国内だけではなく、世界中でインターネットショッピングをできるようになります。情報検索スキルが上がれば、自分たちの活動のアピール方法や、注目される方法を検討するスキルも向上していきます。

■課題点

認知バイアスに引っかかり、自分の信じる情報に合うものだけしか信じなくなるのも、情報がありふれているインターネット時代だからこそかもしれません。むしろさまざまな情報があるからこそ、バランスの取れた情報検索スキルを獲得する必要があると考えられます。

読み書きスキル

読み書きスキルは、学校以外でもさまざまな活動を通じて向上させることができます。

◎主な対象：幼児、小、中、高、大学生、社会人
◎場面設定：家庭、園、学校、社会全般

■目的

読み書きスキルは、アカデミックスキルの中心になるものだと考えられます。しかし、読み書きスキルは学校で椅子に座って学ぶだけではなく、さまざまな活動を通じて向上できます。活動内容にしっかりと目標を立てて、読み書きスキルを向上させる必要があります。

行動目標

- ひらがな神経衰弱をする
- 好きなマンガを読む
- SNSを利用して文字を中心としたコミュニケーションを行う　など

■支援方法の工夫

文字は記号やマークの仲間なので、まずは一つひとつ弁別をすることが大切です。自分の名前やキャラクターと、写真や絵をマッチングさせてみましょう。神経衰弱は、子どもたちのほうが大人よりも得意なゲームです。枚数を調整しながら、子どもたちが勝てて「ヤッター」となるように楽しみながら学べるとよいと思います。

■留意点

漢字は種類が多く、系列的に覚えていく必要があります。しかし、日本では年齢主義が強く、学年で覚える漢字が決まっていて系例的に学べ

＋ ICT機器は支援ツールになる ＋

●文字は、書けなくてもスマホやパソコンで入力できます。入力するには文字を参照できたり、読めたりしないと難しく、その点、スマホやパソコンの読みツールを使えば、音のフィードバックがあります。

●書いて覚える子どもも多くいるので、ICT機器は、支援ツールとして、子どもが主体となって使うことが望まれます。

ますが、一度つまずいてしまうと取り残されてしまいます。年齢や学年ではなく、個人の発達に合わせてスキルを育てていきましょう。

■応用編

マンガを描いたり、演劇の台本を書いたり、動画の放送作家ごっこをしたりするなど、みんなに喜んでもらえるような活動をしてみましょう。授業中に要点をまとめて、重要な部分をノートに書くノートテイキングスキルも、読み書きスキルの応用になります。

■課題点

読めない漢字を周りが教えてあげるだけではなく、スマホなどを使って自分で調べるスキルを身につけると、読める漢字を増やしていきやすいと考えられます。おもちゃの「あいうえおボード」では、子どもが主体的に押すと答えがフィードバックされて文字を学習しますから、子どもの主体性を大切にしましょう。

数・計算スキル

数概念を身につけることで、力の調整や物事の順番の理解、時間配分ができるようになります。

◎主な対象：幼児、小、中、高、大学生、社会人
◎場面設定：家庭、園、学校、社会全般

■目的

読み書きスキルと同様に、数・計算スキルは学校における学習だけに役立つわけではなく、社会生活全般で必要になります。数概念が入れば、力の調整や物事の順番の理解、プライオリティの選択、時間配分などができるようになり、ソーシャルスキルも向上すると考えられます。

読み書きスキルと同様に、授業で学ぶだけではなく、生活全般において数概念・計算スキルの獲得を支援していくことが重要です。

行動目標

- 家族の人数分のお箸を準備する
- 小麦粉や牛乳などの材料を人数分測って、ホットケーキをつくる
- 割り勘の計算をする　　など

■支援方法の工夫

数概念を獲得するためには、まずは数の順番を言葉として覚える必要があります。数直線を掲示したり、カレンダーを使って数字の順番を覚えてもらうようにするとよいと思います。

■留意点

数字が読めなくても、足し算かけ算のプリントができなくても、人数分のお箸を用意できることがあります。むしろ、日常生活においてはそ

日常生活で学べる数概念

日常生活で学べる「数概念」は多くあります

● 料理をする場合

・水を半分にすれば、お湯を沸かす時間は半分になる

● 複数の料理をする場合

・でき上がりの時間を予測し、時間がかかるものから先に始める
・火が通りにくい食材から茹でる

数・計算スキルが上がれば料理が上手になったり、料理がうまくなれば数・計算スキルが上がるかもしれません

ちらのスキルのほうが重要なので、それを身につけてから計算スキルを育ててもよいと思います。

■ 応用編

かけ算とわり算の関係が理解できれば、逆思考スキルが向上します。自分と相手との立場を逆に考えてみたり、「もし〜ならば、○○する」という仮説演繹的思考が育っていったりすると考えられます。

■ 課題点

時計が読めなければ、「あと10分待って」という指示が理解できないことがあります。「あと3日後に遊園地へ行くよ」と言われても、3日後が理解できなければ、我慢することは難しいです。

数字に表せないことも数概念になります。たとえば、「水曜日は日曜日の何日後か」と言われてもすぐに計算できませんが、日曜日を0とすると水曜日は3になるので、「3日後」と簡単に計算できます。このように言葉や数は、ソーシャルスキルにも影響を与えると考えられます。

語学スキル

パソコンなどを活用して興味のある内容に触れれば、自身が楽しみながら学ぶことができます。

◎主な対象：小、中、高、大学生、社会人
◎場面設定：家庭、園、学校、社会全般

■目的

ICT（情報通信技術）の向上により、外国との交流機会が増え、英語を中心とした外国語の語学スキルを獲得することも、ソーシャルスキルにおいて重要になってきました。外国語スキルを向上させることは、日本語を向上させる機会にもなると考えられます。

行動目標

- 動物の名前を英語でいう
- 海外の動画サイトを、自動字幕起こし機能を使いながら見る
- 外国人の友だちとチャットをする　など

■支援方法の工夫

英語の読み書きでは、まず語彙を増やすことが重要です。いまは読めない単語をパソコンで音声化することができますし、マウスを合わせれば自動的に単語の訳が出てきます。ただ機械翻訳に頼るのではなく、機械の支援を受けながら、自身が主体的に英語に触れることが重要です。

■留意点

英語はローマ字読みと違い、単語が読みづらい点が大きな困難さにつながります。動画サイトの自動字幕起こし機能を積極的に使うことで、視覚認知と聴覚認知を有効利用でき、自分の興味ある動画（旅行や料理、

翻訳アプリのメリット

SSTも、英語で練習すると一石二鳥かもしれません。その際、スマートフォンの「翻訳アプリ」を使ってもよいでしょう。翻訳アプリは、日本語の音声文字化としても使えます。そして、実際に外国人と多文化交流をするのは、素晴らしい取り組みだと思います。

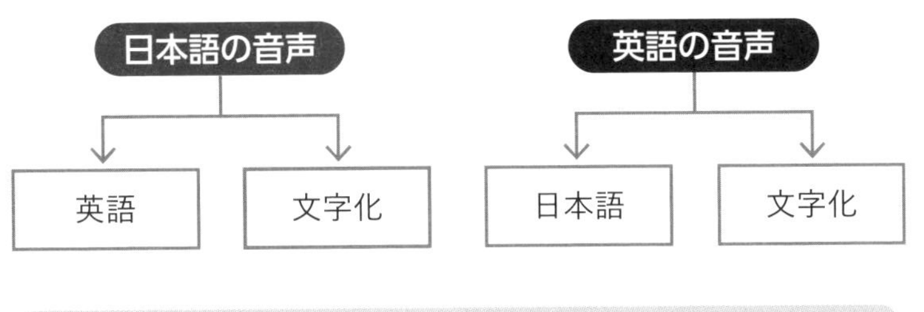

- LDの子どもたちの読み書き支援ツールになる
- 聴覚障害の方のコミュニケーション支援ツールになる

歌など）を見ることができれば、楽しみながら学習できます。

■応用編

英語だけではなく、フランス語・ドイツ語・スペイン語などの他言語にチャレンジすることで、知的好奇心を育てることができます。社会性を世界に広げることで、新しい可能性が広がると考えられます。

■課題点

いまは英語ができなくても障害とされませんが、小学校で英語が必須化していけば、学習障害として新たに英語障害が加わるかもしれません。読み書き計算は、国によって教育制度が異なるので発症率が変わるように、学習障害もスキルや学習の問題だと考えられます。だからこそ、楽しく外国語を学べる機会を増やすことが重要だと考えられます。

さくいん

ABC

ABC分析 …… 74, 114
ADHD …… 14
DABS …… 38
ICT機器 …… 124
LD …… 14, 42
PDCAサイクル …… 87, 116
SST …… 40, 96, 130

あ行

アカデミックスキル …… 60
アセスメント …… 100, 120
インクルージョン …… 41
エラーレストレーニング …… 77, 87
援助 …… 122, 125
応用行動分析 …… 72, 78, 88, 114

か行

外言 …… 92
書きスキル …… 62
学習指導要領 …… 116
学習障害、学習症 …… 14, 42
学力アセスメント …… 102
数概念 …… 28, 64, 142
仮説演繹的思考 …… 34, 161, 171
仮説的構成概念 …… 72, 88
課題分析 …… 77, 88
感覚遊び …… 113
機能の障害 …… 20
機能分析 …… 108
強化 …… 78
強化子 …… 79, 98, 120
教示 …… 97, 98, 130
共同注意 …… 52
強度行動障害 …… 104
具象概念 …… 30
計算スキル …… 64
ゲーム症 …… 17
結晶性知能 …… 18
言語性コミュニケーション …… 52
嫌子 …… 79
好子 …… 79
後続刺激 …… 74, 88, 114
行動 …… 74, 88, 114
行動アセスメント …… 102
行動調整 …… 92
行動目標 …… 114, 122, 130
合理的配慮 …… 73, 125
個別の指導計画 …… 84, 86, 114, 116, 122
個別の指導計画シート …… 121, 123
コミュニケーションスキル …… 42, 52

さ行

シェイピング …… 91
支援 …… 122, 125
時間概念 …… 28
自己刺激機能 …… 112
自傷行動 …… 104
自閉スペクトラム症 …… 14
弱化 …… 78
集団遊び …… 113, 142
主体的・対話的な深い学び …… 66, 70
消去 …… 79, 91
象徴遊び …… 113
情動焦点コーピング …… 157
診断適応機能尺度 …… 38
スキル …… 40
先行刺激 …… 74, 88, 114
ソーシャルスキル …… 40, 44, 46
ソーシャルスキルトレーニング …… 40, 96, 130

た行

ターゲット行動 119
対義語 24
他傷行動 104
短期目標 118
チェイニング 91
知的障害 14
注意欠如多動症 14
抽象概念 30
注目機能 106, 111
長期目標 118
逃避機能 106, 110
トークンエコノミー 120

な行

内言 92
認知行動療法 96
認知発達 10, 12
認知プロセス 12
ノートテイキングスキル 66
ノーマライゼーション 80

は行

般化 82, 97, 98, 130
比較概念 24
非言語性コミュニケーション 52
標的行動 119
フィードバック 97, 98, 130
フェイディング 90
プロンプト 90
分化強化 91
平行遊び 142
偏差値 65
ポーテージプログラム 80, 84

ま行

無誤学習 77, 87
目標設定 120
モデリング 97, 98, 130
問題行動 76, 88, 104, 114, 130
問題焦点コーピング 157

や行

要求機能 106, 110
読みスキル 60

ら行

ライフスキル 42, 68, 156
リハーサル 97, 98, 130
流動性知能 18
類似概念 22
ルール遊び 113
ロールプレイ 97, 132

SST

SNSスキル 164
あいさつスキル 134
あいまいスキル 158
お願い・要求スキル 148
過去をさかのぼるスキル 162
数・計算スキル 170
感情スキル 144
コーピングスキル 156
語学スキル 172
断りスキル 152
個別遊びスキル 140
謝罪スキル 146
集団遊びスキル 142
情報検索スキル 166
逃避スキル 154
忍耐・我慢スキル 150
話している人の顔を見るスキル 136
未来予想スキル 160
模倣スキル 138
読み書きスキル 168

カバーデザイン　山之口正和（OKIKATA）
カバー・本文イラスト　寺崎愛
本文デザイン・DTP　初見弘一（TOMORROW FROM HERE）

子どもの発達障害と
ソーシャルスキルトレーニングのコツがわかる本

2021年1月5日　初版第1刷発行
2024年2月5日　初版第6刷発行

著　者　西永堅
発行人　片柳秀夫
編集人　志水宣晴
発　行　ソシム株式会社
https://www.socym.co.jp/
〒101-0064 東京都千代田区神田猿楽町1-5-15 猿楽町SSビル
TEL：(03)5217-2400（代表）
FAX：(03)5217-2420

印刷・製本　株式会社暁印刷

定価はカバーに表示してあります。
落丁・乱丁本は弊社編集部までお送りください。送料弊社負担にてお取替えいたします。
ISBN978-4-8026-1293-7　